# 비폭력으로 평화창조

기무라고이치(木村公一) 지음

전기호 옮김

# 비폭력으로 평화창조

우크라이나 침공과 일본국 헌법
기무라고이치(木村公一) 생명의 말씀

전기호 옮김

열린서원

■ 차례

**추천사**
들어가며 / 20

**1부_**
왜 군사적 침공이 발생했나?

**서장(序章): 러시아, 우크라이나 전쟁은 무엇인가? / 32**

1장. 전쟁전사(前史) - 러시아에 대한 우크라이나의 300년 해방투쟁 / 36

2장. 러시아와 우크라이나의 종교지정학적 역사 / 44

3장. 푸틴과 러시아 지식인들의 '우크라이나 멸시' / 64

4장. 푸틴 대통령의 개전 연설 해석 / 75

5장. 우크라이나 독립으로부터 광야의 30년 / 84

6장. 지금 우크라이나에서 무슨 일이 벌어지는가 / 100

## 2부_
평화롭게 사는 길과 "국가안전보장"

1장. 일본국 헌법에 있는 평화에 대해서 / 110
2장. 평화헌법 9조의 위기와 회생 / 129
3장. '만약 침략당하면 어쩌나'라는 물음 / 160
마지막 장: 평화를 찾아 구함 / 174

나가며 / 180
옮긴이 후기 / 182

■ 추천사

한국 언론은 미국과 서방 언론에 전적으로 의존하고 있다. 여러 가지 이유가 있지만, 이는 흑백 이념에 경도되어 있기 때문이다. 그렇다 보니 사실 보도는 언감생심이고 사실을 왜곡하는 기사가 넘쳐나고 있다. 이는 작금의 이란-이스라엘 전쟁 보도 기사만 보아도 그렇고, 지난 3년 간의 우크라이나-러시아 전쟁 보도 또한 그러하다. 그런 점에서 일본인 기독교 목사가 쓴 이 책은 우크라이나-러시아 전쟁을 근원부터 살피고, 나아가 모든 기독교인들이 바라는 하느님 나라 건설을 전쟁 없는 정의와 평화의 관점에서 보았다는 점에서 탁월하다.

-조헌정(전 명동향린교회 담임목사)

양심적 신학자가 평화적 진정성을 가지고 러시아-우크라이나의 역사적 관계를 정리하며 양국 간 전쟁의 본질을 분석한다. 상대적 약자인 우크라이나에 대한 공감적 애정을 평화에 둔감한 일본에 대한 비판으로 이어가며, 일본의 평화적 책임과 역할을 주문한다. 전체적으로 우크라이나에서 벌어지는 차가운 전쟁과 폭력의 실상을 다루지만, 필자의 현실 참여적 신앙과 양심이 따뜻하게 느껴지는 책이다.

-이찬수(아시아종교평화학회 부회장, 종교평화학)

먼저 제게 이 책의 추천사를 쓸 자격이 없음을 고백하는 것으로 시작합니다. 책을 읽어나가면서 페이지를 넘길때마다 스스로에 대한 부끄러움이 더해갔던 것을 아프게 기억합니다. 184쪽 정도의 그리 두꺼운 책은 아니지만, 평화를 위한 삶의 궤적과 깊은 성찰이 농축되어 있습니다. 그 중에서 가장 기억에 남았던 부분에 대해 쓰고자 합니다.

기무라 코이치 목사님과 처음 만난 것은 2016년 8월에 "한일 반핵평화연대"의 창립 모임으로 후쿠오카를 방문했던 때이니 벌써 9년 전입니다. 소생도 당시 그 모임의 첫번째 대표를 함께 맡았습니다.

독일의 패전 이후 철학자 야스퍼스는 1946년에 발표한 책에서 독일의 죄에 대해 "법적 죄, 정치적 죄, 도덕적 죄, 형이상학적 죄"로 말하면서, 직접적 전쟁 범죄자만이 아니라, 역사적 범죄에 대한 역사적 각성과 실천, 처벌이 없으면 나쁜 역사가 되풀이될 것임을 지적하고 예견한 바 있습니다. 야스퍼스의 말은 오늘날 현실이 되고 있습니다.

국가와 정부, 정치세력을 향한 제도적 법적 대응과 정책적, 정치적 대응을 계속해 나가야 하지만, 동시에 공동체의 일원으로, 역사의 일원으로, 언어 공동체, 운명 공동체의 일원으로 우리 자신 시민들에게도 역사에 대한 연대책임이 있음을 자각하는 민중들의 연대 즉 "민제(民際)"가 "국제(国際)"와 병행되어야 합니다. 한일반핵연대의 창립에 동의하고 참여했던 이유입니다. 기무라 목사님은 일본인으로서 대일본제국의 전쟁에 대한 직접 책임과, 정치체제의 죄책과 전후 세대의 가해의 기억까지도 앞장서서 고백하고 지적한 분이었기에 신뢰와 연대가 가능했습니다. 이후 한일간의 연대 활동을 통해서 수 차례 뵈었지만, 가족사를 접한 것은 이번 책을 통해서입니다.

러일전쟁 때의 총상으로 오른쪽 눈의 시력을 잃고 상이군인이 되어 평생을 전쟁터에서 살았던 할아버지의 아픔과 성찰이 손자 기무라 목사의 평화의 실천으로 이어졌습니다. 아시아 침례교 평화위원장(1997-2002)으로 이라크에서 미군이 사용한 열화우라늄탄의 피폭 아동을 위해 항암제 인도 지원 사업을 했고, 바그다드에서의 인간 방패 비무장 시민운동에 참여했으며(2003), 최근에는 우크라이나 전쟁 난민을 위한 현지 방문을 통해 인도지원 사업을 했습니다 (2022-2023). 그리고 기무라 목사님의 아들은 책이 발행된 2023년 당시까지 전년도 4월부터 영상 저널리스트로 비자를 받아 동우크라이나에서 일하고 있었습니다.

저는 기무라 목사의 삶에서 예수님의 말씀을 떠올립니다. 마태복음 5장 9절의 말씀인데, 일본어 번역을 통해 새삼스레 깨달은 바가 있습니다. 한글 번역문은 "화평하게 하는 자"(개역), "평화를 위하여 일하는 사람"(공동번역), "평화를 이루는 사람"(새번역)입니다. 일본어 번역문은 "평화를 만드는 사람들", 혹은 "평화를 실현하는 사람들"로, 복수형이고, 영어 원문도 peace makers로 되어 있습니다. 평화를 위하여 일하고 평화를 실현하고 평화를 이루라! 우리 모두는 평화의 일꾼으로 부름을 받았습니다. 기도하고 염려하는 것도 중요하지만, 구체적인 평화를 만들기 위해 "연대"해서 "함께" 일해야 합니다.

한국 사회와 교회의 관심이 서방과 서방 교회 중심이기에 상대적으로 잘 알려져 있지 않은 러시아와 우크라이나의 지정학적 관계와 전쟁의 역사, 그리고 그 가운데 공존했던 교회의 정치적 부침의 역사를 읽을 수 있었습니다. 일제 강점기와 이후 한반도의 민족사적 분열과 대립의 역사, 그 역사의 소용돌이 속에서 권력에 영합하는 종교/교회의 모습을 읽으면서 역사적 데자뷰로 읽히는 것은 비단 저만은 아닐 것이라 생각합니다. 국가에 대한 양심의 소리를 잃을 때 국가주의 사이비 교회가 되어버리고, 정교분리의 원칙을 견지하지 못할 때 신앙의 자유가 훼손되었던 종교지정학적 투쟁의 기록은 오늘날의 한국 교회가 동병상련의 심정으로 살펴야할 부분이라 보입니다.

국제법 위반이 분명한 러시아의 우크라이나 침공으로 시작된 전쟁을 분석하면서, 저자는 이데올로기적 관점이 아니라 신학적 관점으로 전쟁을 바라보아야 한다는점을 강조합니다. 신학생 시절에 민중신학과 해방신학 붐의 세례를 받았던 저로서는 그때의 신학적 고민을 다시금 떠올리는 시간이었습니다. "가난한 사람들에 대한 우선적 관심"(preferential concerns for the poors)으로 배웠던 민중/해방신학의 테제가, 저자가 전쟁을 바라볼 때 지니는 신학적 기초입니다. 즉 "억압받는 사람들에 대한 우선적 관심"(preferential concerns for the oppressed)으로 적용되고, "억압받는 사람들에 대한 우선적인 선택/참여"(preferential option for the oppressed people)로 확대되고 있습니다. 그렇기에 저자의 평화 논의는 인간의 사회안전보장, 평화적 생존권을 박탈당한 사람들에 대한 시선과 선택적 참여로 일관하고 있습니다.

나아가 기무라 목사는 일본 사회에 스며드는 집단 증후군비컬트국가의 양태가 세계적으로 확산되고 있는 점을 지적하고 있습니다. 핵 억지력, 핵 우산이라는 군사동맹의 망상이 핵없는 세상을 가로막고 있으며, 전쟁으로 귀결되고 마는 위험성을 내포한 국가 안전보장론에서 탈피하여 민중의 사회안전보장론으로 일본국 헌법을 해석하고 적용할 것을 주창합니다. 그러기 위해서는 권력구조의 토대를 강화하는 군사지정학을 버리고 일본이 침략했던 오키나와 아시아의 관점을 지닐 것을 요청합니다. 타국의 안전보장을 희생함으로 가능한 자국의 안전보장은 컬트국가의 환상에 불과한 것이며 패전/종전 80년의 기간을 통해 일본이 과연 무엇을 배웠는가를 되묻게 됩니다. 아이러니칼하지만 A급 전범으로 스가모 형무소에서 처형된 토조 히데키가 군사력의 망상으로 넘어서는 안되는 권력의 경계를 범했음을 깨달은 듯한 유언을 남겼습니다. 그가 죽기 전에 회한으로 남긴 글에서 언급한 종교 경전의 한 구절인 "병과무용"(兵戈無用)의 가르침이 비폭력의 평화 창조로, 진정한 자유의 길로, 아직 완성되지 않앉지만 이미 약속된 종말론적 평화의 길로 이어질 것을 논파하고 있습니다.

"왜 인간은 전쟁의 유혹에 빠져 인간이기를 포기하는가"라는 질문에 천착하며, 기무라 집안의 3대에 걸친 평화를 위한 삶의 이야기를 접하며 또 하나의 성경 말씀을 인용함으로 부족한 글을 맺습니다. 예언자 이사야를 통해 우리를 평화의 일꾼으로 부르시는 말씀입니다.

〈시온에서 슬퍼하는 이들에게 재 대신 화관을 슬픔 대신 기쁨의 기름을 맥 풀린 넋 대신 축제의 옷을 주게 하셨다. 그래서 사람들이 그들을 '정의의 참나무', '당신 영광을 위하여 주님께서 심으신 나무'라 부르도록 하셨다.〉 (이사야서 61:3)

-유시경(일본성공회 오사카 카와구치기독교회)

지금 우리는 지구상에서 몇 가지 전쟁이 진행되고 있는 시대를 살아가고 있다. 우리 한반도처럼 전쟁이 끝난 것은 아니지만 전투행위를 쉬고 있는 휴전 상태는 제외하고도 러시아-우크라이나의 전쟁, 가자지구에서의 이스라엘과 하마스 간의 전쟁, 그리고 최근에는 이란과 이스라엘 간의 전쟁이 벌어지고 있다. 전쟁을 일시적으로 쉬고 있다는 의미에서 휴전상태인 한반도에서 보기에 이런 전쟁들은 남의 일 같지 않다. 죄 없는 사람들이 무수히 죽고 다치는 것을 보면 전쟁을 일으킨 측도 나쁘고 상대방의 책임만 주장하며 전쟁을 끝낼 노력을 하지 않고 싸움을 이어가는 측도 나쁘다고 생각된다.

기무라 고이치 목사는 적극적으로 전쟁 폭력의 피해자들과 함께 하는 평화주의 활동가다. 한일 일한 반핵평화연대의 일본 측 대표를 맡고 있고 매년 한국의 합천에서 열리는 한국인 원폭피해자 추모 행사에 참가하여 원폭피해자들의 목소리를 경청하고 핵 없는 세상을 위한 국제연대의 의미를 새긴다.

이 소책자도 그의 평화 추구 활동에서 나온 것이다. 러시아의 우크라이나 침공으로 전쟁이 벌어진 현장에 피해를 당하고 있는 민간인들을 위한 구호 활동에 참가하기 위해 개전 초에 그리고 그 다음 해에도 우크라이나를 방문했고, 2014년부터 우크라이나의 불안한 상태에 대해 관심을 지녀오면서 체험으로 깨닫게 된 내용들을 전해주고 있다. 그는 일본의 평화헌법을 지키는 사람들의 대열에서 일본이 침략 국가로 여러 나라 사람들에게 고통을 준 일을 진심으로 뉘우치고 피해자들에게 사죄해야 한다는 입장이지만 여기서 더 나아가 적극적으로 나라의 군사적 안전보장이 아닌 민중이 세워나가는 평화의 대안에 대해 깊이 고민하고, 미약하고 외로운 꿈이지만 눈으로 보는 것 같은 평화의 구체적 그림이 담긴 소리를 내놓고 있다.

기무라 고이치 목사와 10년 이상 매년 만나 시간을 보내면서 느꼈던 그의 인간적인 깊이와 균형 잡힌 식견을 떠올려 볼 때 정말 꿈꾸는 것 같은, 힘이 없어 보이는 이상적인 이야기를 아무나 한다고 해서 현실 속에 유의미한 이야기가 되는 것은 아님을 새삼 깨닫게 된다. 기무라 목사의 보기 드문 평화주의적 기독교 신앙과 인격적인 삶의 태도가 배경이 된 그의 평화 활동에의 참여와 식견, 그의 평화에 대한 비전은 현실적인 실현 가능성을 중심으로 생각하는 데 익숙한 우리에게 경종을 울려 주며, 우리의 삶을 되돌아보게 만드는 힘이 있다.

이 소책자는 그 내용이 한일반핵평화연대의 한국 측 대표를 맡고 있는 전기호 목사님의 마음에 들어와서 그의 적극적인 노력으로 우리나라에서 출간되게 되었다. 이 책이 비록 역사적, 지리적으로 가깝고도 먼 이웃 나라의 그냥 어떤 한 사람이 보고, 듣고, 깨달은 바를 간추린 것 정도로 보일 수도 있겠지만, 지리상의 그리고 정서상의 거리를 뛰어 넘어 평화에 목말라하는 같은 인간으로서 그와 우리를 이어주는 내용이 되리라 믿으며 우리나라의 벗들에게 일독을 권해 드리고 싶다.

-이승무(한일반핵평화연대)

■ 들어가며

## 한국 독자에게

저는 오늘까지 한국 시민단체와의 민주화 운동과, 기독교-불교 관계의 반전 평화 단체와의 교류와 학술 심포지엄 참석을 위해 수없이 귀국을 방문했습니다. 한국의 평화 연구의 깊이와 넓이를 우리 일본인들도 배워야 할 것이 많습니다. 그러한 배움을 통해서, 저에게는 많은 친구가 주어졌습니다. 그 한 분이 이 책을 한국어로 번역해 주신 전기호 목사입니다. 전목사는 일본어 문헌을 읽어내는 뛰어난 능력의 소유자로, 본서가 전목사의 눈에 띈 것은 생각을 초월한 인도라고 밖에 생각되지 않습니다.

이 책의 첫머리에서 저는 러일 전쟁에서 러시아군과 싸운 할아버지의 경험에 대해 말했습니다. 그 전쟁은 러시아와의 전쟁으로 가르쳐지고 있습니다만 그 본질은 조선의 영유를 둘러싼 일본과 러시아의 분쟁이었습니다.

과거 소비에트는 '무신론 국가'라고 불렸습니다. 그것은 러시아 혁명을 주도한 레닌이 관허(官許) 러시아 정교를 부정하고 세계 최초의 사회주의 국가를 수립했기 때문입니다. 그러나 러시아의 역사를 풀어보면 정치와 종교는 매우 복잡하게 연결되어 있습니다. 사회 저변에서 혁명을 담당한 세력 중 하나가 '무승파'(스님을 두지 않는 파)라고 불리는 로마노프 왕조(1613-1917)에 비판적인 비공인 정교였음이 드러나고 있습니다.

러시아의 우크라이나 침공의 큰 요인 중 하나는 10세기경에 성립된 기독교 국가였던 '키예프(키이우)-루시'의 기원을 둘러싼 양국의 종교 지정학적 기억의 차이에서 비롯되었다고 할 수 있습니다. 2022년 2월 24일 이래 우크라이나 침공의 '정당성' 논거로, '우크라이나인은 지상에 존재하지 않는다, 우크라이나 지방 사람들은 모두 러시아인이다.'라는 푸틴의 표어가 있습니다. 이것은 일제가 조선을 '병합'하기 위해 창작한 '내선일체'의 이데올로기와 많이 닮아있습니다. 그렇다고 우크라이나에 문제가 없었던 것은 아닙니다. 그 문제점을 확인하기 위해, 나는 전쟁중의 우크라이나를 두 번 여행 했습니다.

그럼에도 우려스러운 것은, 북한이 1만 명의 병사를 러시아의 우크라이나 전선에 파병하고 있습니다. 북한에도 나름대로의 사정이 있겠지만, 이는 베트남전에 한국군이 파병된 역사로부터, 북한은 아무것도 배우지 못했다는 것입니다.

전쟁은 많은 경우 '적국'의 위협을 선동하는 것에서 시작됩니다. 오늘날 일본도 동중국해(난세이 제도)에 차례로 '적 기지의 위협을 억제하기 위해'라고 칭하고, 차례차례 군사 기지가 신설되어 위험한 상태를 보이고 있습니다. 한국에서도 이 책이, 자국과 타국의 군 확장을 비판적으로 분석하기 위해, 더욱 평화를 만들기 위해, 활용되기를 바랍니다.

기무라 코이치(木村公一)
2025년 7월 11일 후쿠오카 이토시마에서

## 어렸을 때 '러시아'와의 만남

지금 시대는 '신 냉전시대'에 돌입해서, 한국전쟁 이후 계속 '세계전쟁'에 직면하고 있다. 동서냉전 초기에 태어난 나는 전쟁의 세기를 살아온 것이다. 나의 할아버지 기무라마스타로(木村增太郎)는 일본과 러시아가 조선과 만주를 쟁탈하기 위해 싸운 러일전쟁(1904-1905)에서 총에 맞아 오른쪽 눈의 시력을 잃었다. 머릿속의 총알을 빼지 못하고 할아버지는 상이군인으로 귀환했다.

어려서 들었던 할아버지의 203고지(중국 려순에 있는 러시아 요새) 공략전을 지금까지도 나는 선명하게 기억하고 있다. 그것은 확실히 '전쟁은 지옥이다'로 시작되는 이야기였다. 이야기가 절정에 다다르면 할아버지는 항상 오른쪽 눈에 손을 대고 뭔가를 억누른 채 울적해 지시면서 침묵하셨다. 그 다음을 듣고 싶어 하는 나에게 할아버지는 항상 "초등학생인 너에게 지옥같은 전쟁 이야기는 너무 이르다" 하시면서 이야기를 끝냈다. 할아버지의 몸과 마음은 이 세상을 떠날 때까지 전쟁터에 있었던 것이다. 이것이 할아버지를 마음에 품고 사는 나와 '러시아'와의 최초 어두운 만남이다.

## '특별군사작전'의 놀라움과 소름끼침

2022년 2월 24일 러시아의 푸틴 대통령은 '나토의 군사력과 동방확대가 러시아의 국경에 접근하고 있다' '러시아의 중요한 안정보장문제'라며 우크라이나의 러시아인 인종학살을 막아야 한다는 위기감을 표현했다. '특별군사작전'이라는 우크라이나 침공은 이렇게 시작되었다. 이 소식은 세계인을 놀랍고 소름끼치게 만들었다. 나는 조지 부시 정권이 기획한 이라크 침공(2003년)의 역사를 기억했다. 왜냐하면 내가 바그다드에서 경험한 미국의 이라크 침공과 러시아의 우크라이나 침공은 똑같지는 않지만, 그 뿌리는 같다고 생각했기 때문이다.

여기서 다시 개인적인 이야기를 해본다. 나는 인도네시아의 중앙 자바에 있는 그리스도교 신학대학에서 교육활동으로부터 사회문제 조사를 포함해 17년간(1986-2002) 그 땅에서 일했다. 그동안 아시아침례교 평화위원회 위원장(1997-2002)을 하면서 많은 친구가 생겼다. 그때 이라크에서는 미군이 사용한 열화우라늄탄(일종의 핵무기)에 피폭되어, 유전자 파괴로 장애와 기형의 많은 아이들이 고통당하고 있었다. 나는 그 아이들에게 항암제를 전해

주는 운동에 관계하고 있었다. 2002년 가을, 나는 중앙 자바의 일을 마치고 다음 일이 기다리는 후쿠오카로 돌아왔다. 두 개의 대학에서 비상근 강사일을 하다가, 후쿠오카 국제그리스도교회(일본 침례교연맹)의 목사로 취임한 것은 그로부터 1년 뒤였다.

## '인간방패' - 바그다드에서의 경험

그 1년간 나에게 있었던 일에 대해서 조금 말하겠다. 인도네시아에서 귀국한 다음 해(2003년) 쿠웨이트에 진군해 있던 미군은 언제라도 이라크를 침공할 준비가 되어있었다. 3월 10일 귀국 휴가를 이용해서 나는 이라크 바드다드로 건너가 '인간방패'(Human Shield) 운동에 참가했다. '인간방패'는 미,영국 군의 공격에 대한 이라크군의 방패는 물론 아니고, 이라크 전쟁 그 자체에 대해 반대하는 비무장 시민운동이다. 이 '방패'는 미,영국 군의 토마호크 미사일과 열화우라늄탄에 대해 무력하다. 전 세계에서 이 운동에 참여한 사람들은, 언젠가는 그 약한 '방패'를 가지고 인류가 만든 '전쟁'이라는 최고로 악한 야만적 폭력행위를 이실 수 있다고 믿고 있었다. '인간방패'는 모든 시민의 공정과 도덕의 증거였고, 인간

양심과 이성에 대한 믿음의 상징이었다 (졸저 '인간방패, 팍스아메리카나와 그리스도의 평화', 신교출판사, 2003년).

　　러시아의 우크라이나 침공과 미국의 이라크전쟁의 비교 검토는 본론에서 하기로 하고, 내가 '인간방패' 운동에 참여한 지 8일이 지난 후 현지 날짜로 3월 19일 제2차 이라크 전쟁이 시작되었다. 나는 여러 나라에서 온 7명의 친구들과 함께 북쪽 바그다드의 한 변전소에 머무르고 있었다. 그곳은 바그다드 시내 전력의 50%를 공급하는 곳이고, 1차 이라크전쟁 (1991년) 시 철저하게 파괴된 곳이기도 했다.

　　변전소 옆 광장에서는 사택의 아이들이 공습 사이사이에 즐겁게 축구경기를 하고 있었다. 나는 아이들에게 물었다, "미군이 폭격으로 너희들의 마을을 파괴하고 있는데 축구는 위험하지 않니?" 한 아이가 말하길 "아저씨들은 위험한 이라크에 왜 왔어요?" 그러자 다른 아이가 "우리는 축구가 제일 좋고 전쟁은 싫어요"라면서 경기장으로 돌아갔다. 나는 이 정도로 과격한 반전 평화행동을 본 적이 없었다. 또 어느 날, 나는 시내 소아과병원에 부상당한 많은 시민들이 이송되고 있다는 소리를 듣고 병원으로 향했다. 넓은 병원 로비에는 많은 부상자들이 이송되어 있었다. 우리는 간호사의 지시에 따라 손과 팔을 소독하고, 세 병의 수혈병을 들고 그녀들을 도왔다. 그때 한 수혈병에 연결되어 있던 어린 아이가 숨을 거두었다. 아이의 엄마가 조용히 눈물을 흘렸다. 나는 아무것도 할 수 없었다.

## 나는 왜 우크라이나 사회와 연관되었나?

나는 바그다드에서 경험한 미국의 이라크 침공(2003년)을 거울로 삼아, 러시아의 우크라이나 침공을 조명해 보았다. 두 개 전쟁의 유사성을 발견했다. 그래서 우리는, 이러한 때야말로 교회는 현지의 개신교를 창구로 해서 우크라이나 사회와의 연결점을 찾아야 한다고 생각했다. 현지 도키와다이(常盤台)침례교회의 도모노 야스시(友納靖史)목사가 귀중한 정보를 제공해 주었다. 나를 우크라이나에 보내 준 〈동아시아평화센타 후쿠오카〉와 〈系島(이토시마)성서집회〉 동료들은, 러시아군의 공격에 노출된 많은 우크라이나 피난민들이 서우크라이나 인근의 유럽 여러나라로 탈출하고 있는 사태에 대해 깊은 관심을 갖고 있었다. 따라서 〈이토시마민주주의 모임)의 동료들을 필두로 불교도들과 인도주의자들이 귀한 성금을 모아주었다.

기독교인이 80%에 이른다는 우크라이나 사회에서, 교회는 기본적인 책임과 영향력을 갖고 있었다. 실제 현지를 방문해서 알았지만, 전쟁터가 된 돈바스 지역이나 남부는 신도들과 목사들의 피신으로 교회는 폐쇄상태가 되었고, 지역사회는 붕괴되고, 잔류하고 있는 주민들에 대해서는 자원봉사단체가 물, 약, 식료품을 지원하고 있었다.

## 본서 집필의 방법과 목적

세상에서 벌어지는 일에 직면할 때, 나는 항상 스스로를 두 가지로 생각한다. 첫째는, 가해성을 자각하면서 사건의 안쪽에서 신학적으로 분석하는 자신과, 두 번째는 객관적으로 사건의 외부에서 역사적으로 분석하는 자신을 의식한다.

나는 세이난(西南)대학 경제학부의 학생들에게 "기독교평화학"을 가르쳤다(2004-2017). 기본주제는 "인간은 왜 전쟁이라는 유혹에 빠져 인간성을 버리는가?"였다. 2014년 "마이단정변"(자세한 것은 5장 '우크라이나 독립으로부터 황폐한 땅 30년' 참조) 과 그 반동인 러시아의 군사적 크림반도 병합문제는 평화학 수업 주제 중 하나였다. 그래서 나는 2014년부터 우크라이나 문제에 관심을 갖기 시작한 신참자이다.

이 책은 "인간은 왜 '전쟁'이라는 유혹에 빠져 인간성을 버리는가?"라는 질문을 시작으로 다음 4가지 주제를 다룬다. 첫째는, 러시아의 우크라이나 침공의 세계사적 함의, 둘째 이 전쟁은 피할 수 없었는가? 셋째, 이 전쟁의 목적을, '대러시아 문명'의 부흥과 '대유럽(EU)문명' 재부흥의 골짜기에서 괴로워하는 우크라이나 민중의 관점에서 생각한다. 마지막은 일본의 평화헌법 파괴는 동아시아에 있어서 일본의 올바른 진로인가, 그렇지 않다면 '그 대안은 무엇인가'라는 주제이다.

1부
왜 군사적 침공이 발생했나?

> 서장

# 러시아, 우크라이나 전쟁은 무엇인가?
## 논의 출발점의 전제와 시각

### 러시아의 '특별군사작전'의 위법성

유엔헌장은 "모든 회원국은 그들의 국제 관계에서 다른 국가의 영토 보전이나 정치적 독립에 반하는 무력의 위협이나 사용, 또한 유엔의 목적과 양립하지 않는 다른 어떤 방법을 삼가야 한다"(유엔헌장 제2조 4항, 1945.6.26)고 되어있다. 전쟁에 이르는 어떤 사유가 있다고 해도, 러시아의 '특별군사작전' 그 자체는 이 조항을 위반하고 있다는 것은 명확하다. 또한 러시아가 전쟁을 시작한 시점에, 러시아 본토가 우크라이나로부터 공격을 받고 있지 않았기 때문에 자위권 발동도 아니었고(헌장 51조), 안전보장이사회의 승인을 얻은 것도 아니었기 때문에(헌장 42조) 러시아의 '특별군사작전'이 국제법위반이라는 사실은 의심할 여지가 없다.

## 인간의 사회안전보장(평화적생존권)을 박탈당한 사람들에 대한 관심

나는 기본적으로 "억압받는 사람들에 대한 우선적인 관심"(Preferential concerns for the oppressed) 이라는 신학적 기초를 가지고 역사를 보고 스스로를 이 문제와 연관시켜 왔다. 구체적으로는 파괴와 살상의 희생과 함께, 인간의 평화적생존권이 박탈당하는 외침을 우선적으로 상상하는 힘을 추구해왔다. 내가 관여해 온 〈우크라이나 인도(人道)지원〉은 우크라이나인들의 필요에 봉사하는 우크라이나 개신교회와의 협력을 통해 진행했다. 따라서 나는 이런 활동에 대해 "우크라이나 지원"이라는 정치적인 말을 사용하지 않고, "우크라이나 인도(人道)지원"이라고 불러왔다.

## 정의와 평화의 불가분성

    평화는 정의로 뒷받침되어 처음 실체를 들어낸다. 임마누엘 칸트는 법적 정의가 없는 평화는 다음 전쟁의 준비기회가 되고, 비참한 혼란을 낳는 동기가 된다고 〈평화에 관해서〉에서 경고한다.
    구약성서 시편 85편 10-11절에 "사랑과 진실이 눈을 맞추고 정의와 평화가 입을 맞추리라. 땅에서는 진실이 돋아 나오고 하늘에선 정의가 굽어보리라"는 말씀이 나온다. 나도 칸트나 성서의 가르침에 따라 평화와 법적 정의는 분리될 수 없다는 입장이다. 다만 여기서 중요한 것은 인간은(나를 포함해) 정도의 차이가 있지만, 정의와 평화를 동시에 만족시킬 수 있는 능력이 없는 존재라는 것을 알고 있다는 것이다. 힘과 가능성을 과신하는 인간이 이런 인식을 정면으로 마주보는 것은 결코 쉬운 일은 아니다. 그럼에도 바로 그렇기때문에 정의와 평화의 길이 열리지 않는 것이다.

## 이데올로기(정치적관념)를 사고의
## 기초로 삼지 않기

　역사가는 누구든지 수집하는 정보가 신뢰할 가치가 있는 것인가를 확실히 하기 위해서, 일정한 방법으로 비판적 분석을 기초로 역사를 재구성하려고 한다. 즉 이데올로기(정치적관념)에 기초해서 억측으로 사실을 판정하지 않는다. 그것은 결코 쉬운 일은 아니며, "사료비판"이라는 훈련이 필요한 것이다.

　그래서 우리들은 '반(反) 바이든''반 푸틴''반미''반러시아'라는 정치적 관념을 갖고 있어도, 거기에 기초해서 판단하지 않는다. 다만 이데올로기에는 '가치, 신념체계'라는 일면이 있기 때문에 그것을 잘 가감하는 것이고, 도덕적 가치판단을 피하는 일은 결코 바른 일은 아니다. 러시아와 우크라이나 전쟁은 치열한 참 정보와 거짓 정보전이기에 더욱 그런 것이다.

## 1장. 전쟁전사
# 러시아에 대한 우크라이나의 300년 해방투쟁

우크라이나와 러시아의 전쟁은 18세기 이후로만 보면 이번까지 모두 다섯 번째다. 그 배경에는 복잡하고 미묘한 관계사가 얽혀있고, 그 지정학적 이해가 없이는 이번 전쟁을 이해하기 어렵다. 그렇다고 해도 대국 러시아가 소국 우크라이나에 폭력을 막행해도 되는 이유가 될 수 있는 것은 아니다.

## 러시아 표도르 대제 군대에 항복한 우크라이나

　17세기 초 서쪽 가까이 있는 폴란드에 지배당하고 있던 우크라이나는 우크라이나, 코사크(우크라이나와 러시아에 존재했던 군사적공동체)의 최고사령관 후메리니츠키의 지도하에 독립전쟁에서 승리한 후 자치국가 건설을 이루었다. 나아가 동쪽 대국 러시아와 보호조약(뻬레야스라브 협정, 1654년)을 체결, 러시아 황제에게 충성을 서약했다. 이렇게 우크라이나는 명실상부 독립하여 코사크가 지도하는 자치국가(헤치만국가)를 건설했다.

　한편 북유럽 발트해를 보면, 스웨덴은 17세기 전반에 30년 전쟁에 개입해서 베스트팔렌 조약으로 북부 독일 영토를 획득하고, 발트해 연안을 모두 지배하는 대국이 되었다. 18세기가 되어 러시아는 발트해 제해권을 두고 스웨덴과 "북방전쟁"(1700~1722)을 벌였다. 우크라이나는 스웨덴과 연합하여 러시아의 표도르대제와 싸웠다. 이는 러시아가 우크라이나, 헤치만 국가의 자치권을 점점 제한하는 정책을 해왔기 때문이다. 그러나 이 전쟁에서 스웨덴과 함께 러시아에 패배한 후 자치국가는 표도르대제에 항복함으로 역사에서 사라져버렸다.(나카이카즈오(中井和夫) "우크라이나 민족주의- 독립딜레마", 도쿄대출판. 1998).

## 러시아 혁명군에 의해 짓밟힌 우크라이나 독립선언

1917년 러시아혁명 때, 우크라이나에서는 독립과 자치의 목소리가 높아갔고, 러시아 볼셰비키(후에 소비에트 공산당)가 정권을 장악하자 키이우에서는 민족통일전선이라 할 수 있는 〈우크라이나 중앙 La-Da(회의나 의회를 말한다)〉가 조직되었다. 중앙 La-Da 에 의해서, 러시아 국내에서 우크라이나 민족의 자치권 획득을 목표로 한 우크라이나 인민공화국의 독립(1917년 11월)을 선언하는 제3차 선언이 공포되었다.

그러나 소비에트는 3만명의 군대를 투입해서 우크라이나

각지의 중앙 La-Da 빨지산을 압도적으로 토벌했다. 수도 키이우가 몰락하기 직전 1918년 1월 22일 중앙 La-Da는 러시아로부터 완전독립을 목표하는 제4차 선언을 발표했지만, 소비에트는 키이우를 군사력으로 제압함으로 우크라이나 독립은 그 후 75년을 기다릴 수밖에 없었다. 1992년 우크라이나 독립 후 1월 22일은 우크라이나 국민들의 축제일이 되었다.

## 보로도몰(1932-1933): 기아(飢餓) 제노사이드

〈보로도몰〉은 우크라이나 말로 〈기아〉와 〈살해〉의 합성어로써 〈기아 제노사이드〉를 의미한다. 러시아혁명은 오래전부터 인습화되었던, 압도적 다수의 농노가 대지주 귀족을 떠받치는 신분제를 해체했다. 소비에트 스탈린은 철저한 집단농업정책 콜호스라는 농지 국유화 정책을 소비에트 전지역에 실시했다. 이에 대해 코사크의 합의형성 문화 가운데 교육된 우크라이나의 농민들은 격렬히 저항했지만, 약 500만 명의 우크라이나 농민이 기근으로 죽음에 몰리게 되었다.

비옥한 흑토로 덮힌 우크라이나는 옛날부터 "유럽의 빵 바구니"로 불릴 정도로 소맥 수확이 많은 지역이었다. 그런데 1931년은 우크라이나를 포함해서 소비에트 연방 전체 수확이 좋지 않았다. 이 문제를 해결하기 위해 스탈린은 집단농장 농산물을 모두 국가 소유로 하여 우크라이나 농민 수확물을 강제로 징수했다. 비축 농산물의 절도는 최고형 사형에 처했다. 항간에는 인육 암시장까지 있었다고 한다. 희생자 수는 당시 우크라이나 전인구의 18%, 농촌인구의 약 25%에 달했다. "〈비련의 수확- 우크라이나 대기근- 스탈린의 농업 집단화와 기근 테러〉 혜아당출판, 2007년". 영국 역사학자 로버트 콘케스트는 이것을 "스탈린에 의한 농민전쟁"으로 부르지만, 러시아어를 모국어로 하는 우크라이나인 퇴직 고교 교사 뻬트로비치는 나에게, 이것은 "스탈린에 대한 우크라이나 농민의 농민전쟁이라는 역사로 우크라이나인에게 기억되고 있다"고 말했다.

# 제2차 세계대전중의 소련과
# 나치에 대한 빨치산 활동

　여기서는 판데라 부자에 대해서 기록한다. 안도리 판데라(1882-1941)는 우크라이나 독립투사 스테판 판데라의 아버지로써 성직자였고 서우크라니아나 가리찌아 지방 출신이다. 리비우대학 신학부를 졸업히고 그리스 카토릭교회 사제가 되었다. 나치와 소련의 폴란드분할에 따라 서우크라이나가 소련의 일부로 편입되면서 안도리는 아들 스테판과 함께 반소련 활동 리더로 일했다. 그리고 1941년 소련 비밀경찰에 의해 체포되어 처형되었다.

　아들 스테판 판데라(1909-1954)는 아버지와 함께 현재의 우크라이나 민족주의와 이어지는 역사적 인물이다. 그는 〈우크라이나국가 재생 선언〉을 집필했다. 선언문은 1941년 6월 30일 독일군에 점령된 리비우에서 낭독되었다. 그는 소련에 대항하는 우크라이나 저항군을 조직하고, 빨치산 활동을 전개했다. 그러나 나치는 이 선언을 위험시 여겼고, 1941년 7월 나치 점령 당국은 그를 체포해서 작센하우젠 강제수용소에 구금시켰다. 이것은 우크라이나의 지정학적 비극이라고 밖에 말할 수 없다. 이런 일로 인해 이 두 부자는 우크라이나의 소련, 독일 쌍방과 싸우는 상징이 되었다.

1944년 9월 베를린 옥중에서 아들 판데라는 반소련 무력투쟁의 지도를 제안 받았지만 나치 독일과의 협력을 거부했고, 전후에 소련에 계속 저항했다. 1959년 10월 15일 서독 뮌헨에서 소련 KGB 스파이 손에 암살당했다. 향년 50세였다.

## 러시아의 우크라이나 군사침략에 대한 우크라이나 국민의 투쟁

2022년 시작된 이 제5차 전쟁의 배경은 다음과 같다. 러시아를 포함해 구소비에트령에 속했던 15개 공화국들이 각각 독립하는 〈소러시아주의〉의 옐친대통령이 물러나고 푸틴정권이 들어서면서 소러시아주의가 시들해지고, 영토요구를 동반하는 〈대러시아주의)가 힘을 얻게 되었다.

　　같은 시기에 우크라이나에서는 반러시아 색채가 강한 민족주의가 세력을 확장했다. 이것이 후에 거론할 2014년 "마이단정변"의 토양을 만들게 되고, 이번 우크라이나 침공과 연결되었다고 보는 것이 타당하다. 앞에서 언급한 러시아어를 모국어로 쓰는 우크라이나인 뻬트로비치는 "러시아는 우크라이나로부터 크림반도를 뺐었지만, 우크라이나는 잃었다"고 썼다.

## 2장.
# 러시아와 우크라이나의 종교지정학적 역사

러시아와 우크라이나의 국제정치를 이해하려면, 무엇보다 동방정교회의 종교와 그 지정학의 역사를 이해하는 것이 필요하다. 따라서 이번 장에서는 익숙하지 않은 독자들을 위해 간략하게 설명하겠다.

## 동로마제국의 수도 콘스탄티노플의 성립

4세기 초 기독교의 '총주교좌'는 로마제국의 수도였던 로마였고, 다음에 알렉산드리아 (현 에집트), 안디옥(현 시리아)으로 이어지며 그다음에 콘스탄티노플과 예루살렘이 '총주교좌' 서열에 들어온다. 이것이 기독교의 '5대 본산'이다. 덧붙여서 프로테스탄트교회에는 '총주교좌'는 없다.

본서의 주제와 깊은 관련이 있는 콘스탄티노플 총주교좌의 역사는, 기원전 330년에 콘스탄티누스 대제가 이 지역 콘스탄티노플(현 튀르키에)을 '새 로마'로 즉 동로마제국(비잔틴)의 수도로 정함으로부터 시작된다. 동방정교회는 이 제국의 보호 아래 교리면에서 로마교회에 격렬히 저항하고 로마에 뒤지지 않는 에큐메니칼 신학을 구축하여 세계교회에 공헌해 왔다.

유스디아누스 황제는 〈로마법대전〉을 제성하는 등 제국의 권위를 높였고, 열심있는 그리스도교 보호자로서 콘스탄티노플에

하기아·소피아 대성당을 재건하고(537년) 거기에 총주교좌를 두었다. 1453년 오스만제국에 멸망한 후 콘스탄티노플 대주교좌는 그 권위와 중요성을 상실하고 〈그리스정교〉라는 이름으로 오늘까지 로마에 다음가는 지위를 이어가고 있다.

## 키이우공국(키우루츠)의 출발

9세기쯤부터 그리스정교는 그리스인 선교사 큐리로스등의 활동으로 슬라브인과 우크라이나인에 대한 전도를 시작했다. 988년 우크라이나의 키이우 공국(公國) 대공 블라디미르 1세가 비잔틴 황제의 여동생을 황후로 삼고, 그리스정교의 세례를 받음으로 비잔틴화를 가속했다. 이것이 키이우공국(루츠)의 시작이다. 왕국이라고 부르지 않고 공국이라 부르는 것은 왕국보다 한 단계 낮은 국가체제라는 것을 의미하지만 실제는 왕국과 같았다.

그런데 그 후, 루츠의 파생어인 '러시아'가 다른 나라를 가리키는 말로 사용됨으로 인해, 혼동을 피하기 위해 후세에 키이우를 수도로 하는 루츠(공국)라는 의미로 '키이우루츠'로 불리게 되었다.

　러시아는 몽골제국의 지배(타타르의 멍에)후 13세기에 모스코바 대공국이 성립했고, 키이우의 부주교좌는 1326년에 모스크바로 이전함으로 나중에 러시아정교회로서의 발전에 기초가 되었다. 그럼에도 키이우공국을 계승한 것은 모스크바공국 (러시아)가 아니라 코사크와 그들이 만든 자치국가(헤트만국가)였고 그것이 독립 우크라이나에 연결되는 것이다〈쿠로카와유지(黑川祐次), "이야기 우크라이나 역사" 중공신서, 2002년〉.

　이런 종교지정학적 해석, 즉 키이우공국을 계승한 것이 모스크바공국인가 아니면 우크라이나 코사크의 헤트만국가였나 하는 것이 러시아-우크라이나 분쟁의 뿌리가 되어 싸우고 있는 역사문제인 것이다.

왜 군사적 침공이 발생했나?

## 오스만제국 지배하의 총주교청

러시아정교를 이해함과 더불어 오스만제국의 종교지정학적 동향은 중요하다. 1453년 이슬람을 이념으로 하는 오스만제국(현 튀르키예)에 의해 콘스탄티노플이 몰락하고, 비잔틴제국은 멸망했다. 도시 이름도 이스탄불로 바뀌었다. 오스만제국은 콘스탄티노플의 총주교를 술탄(이슬람국가 지배자 칭호)에 맞서는 대표자로 인정했다. 그러나 오스만제국의 술탄 메후토메 2세(재위 1451-1481)는 정교회 총주교 취임을 인정하는 대신 '상납금제도'를 만들고 점점 증액시켜 갔고, 17세기에 총주교가 57번 바뀌는 등 그 권위는 술탄에 의해 조종되었다.

이렇게 콘스탄티노플 전지역 총주교청이 유명무실화 되어감에 따라 러시아는 정교 그리스도교권 내에서 유일한 패권을 갖는 나라가 되었다. 그 결과 러시아는 비잔틴문명의 전통 계승자 지위를 얻게 되고, 한편으로 심각한 정신적 고립을 겪게 되면서 로마법, 르네상스, 종교개혁 등 유럽적 경험과는 다른 독자적 발전 과정을 걷게 되었다 〈히로오카 마사히사(廣岡正久) "러시아정교의 천년" 고단사, 2020년〉.

◆

## 고의식파(古儀式派)의 '제3의 로마=모스크바'

16세기 초 러시아는 남쪽에 이슬람이 등장하고 콘스탄티노플의 몰락을 경험하면서, 러시아정교 가운데 두 가지 다른 반응이 생겨났다. 그것을 "고의식파"와 "근대파"로 부른다. 고의식파는 모스크바를 중심으로 "대러시아", 즉 "성스러운 러시아"의 전통을 수호하는 고립주의다. 이는 러시아의 수도승 휘로훼이가 뇌제(雷帝)로 불린 이반4세의 부친 우시리 3세에게 보낸 편지 가운데 언급한 "제3의 로마=모스크바"라는 정치이론이다. 로마제국(제1로마)과 비잔틴제국(제2로마)의 그리스도교는 "참신앙"으로부터 일탈해서 멸망했지만, 그 후계국인 모스크바는 "제3의 로마"로써 인류사상 최후의 그리스도교 세계 제국의 수도가 되고, 세계의 종말에 이르기까지 지배한다는 내용이다.

이에 대해 니콘 총주교가 이끄는 "근대파"는 이슬람과 오스만제국의 출현을 받아들이고, 고립주의가 아닌 로마 교황과의 화해로 의식과 교리의 개혁을 추구하면서 표도르대제에게 "위로부터의 개혁"을 기대했다. 이러한 대립의 배경에는, 로마 라틴 문화를 기초로 하는 근대적 문화와 그리스적 그리고 고대 슬라브적인 전통적 세계와의 대립이 깔려있다. 러시아정교회는 이런 종교지정학적 대립을 감싸고 심각한 신학 논쟁을 일으켰고, 결국 1666년 "고의식파"와 "근대파"로 분열되었다.

그 후 고의식파는 모스크바로부터 상트페테스부르그로 수도를 옮기고 유럽에 창을 연 표도르대제의 제국과, 니콘 총주교의 정교를 "반그리스도교"로 엄격하게 단죄했다. 그 결과 러시아제국은 니콘의 정교를 국교로 하고 고의식파의 교회를 엄격하게 탄압했다. 교회가 해체당한 고의식파는 분열하면서 아이러니하게도 서구 종교개혁파의 Ana-Baptism(재세례, 회중교회)에 가까운 "무승파(無僧派)"로 불리는 만인사제주의의 지하집단이 전국적으로 형성되었다. 무승파에 의하면, 니콘의 개혁 결과 러시아에는 참 교회도, 성례도, 성직자도 없기에 교회의 모든 성례전은 의미가 없고, 개인은 누구나 기도를 통해 신과 직접 접촉이 가능하게 되었다는 것이다.

이렇게 러시아의 거대한 저항 세력이 뿌리를 잃게 되었다. 젊어서 러시아 혁명에 참가하고 그 후 레닌을 따르다 프랑스로 망명한 베르쟈예프는 "표도르는 '위로부터의 개혁가'였기에 그가 볼셰비키(러시아공산주의)의 원형이라고 생각하는 것도 이상한 것은 아니다..... 표도르와 레닌을 우선, 포도르의 개혁과 볼셰비키의 개혁으로 비교하는 것도 가능하다"고 양자의 유사성을 말했다. 〈베르자예프 저작집7권, "러시아 공산주의의 역사와 의미" 백수사, 1960〉.

또한 러시아 정치연구자 시모토마이(下斗米伸夫)는 "고의식파의 흐름은 20세기를 살아남았고, 그 후 러시아혁명으로 소생했다. 이것이 20세기 당초 소비에트라는 자치국가의 원동력이 되었다고 생각한다"고 지적했다. 〈"종교지정학으로 읽는 러시아 제3의 로마를 노리는 푸틴", 일본경제신문출판사, 2016〉.

## 볼셰비키(소비에트 공산당)에 의한 러시아정교회 파괴와 재생

러시아정교회는 1917년 러시아혁명이래 심한 박해를 받았고, 많은 주교들이 서방으로 도망쳤다. 콘스탄티노플 전지역 주교청은 이들을 지원했다. 간쿄(官許)정교라는 러시아정교회는 제국으로부터 극진한 보호와 특권을 향유했었다. 그 결과 많은 교회지도자들은 제정(帝政)붕괴와 혁명의 바로 한복판에 있었으면서도 러시아에서 일어나고 있던 심각한 종교지정학적 변화에 대해 효과적으로 대처하지도 못했고, 볼셰비키 등장의 의미도 제대로 이해할 수 없었다.

볼셰비키체제 소비에트, 러시아 혁명초기에 러시아정교는 3만의 교회, 163명의 주교, 6만의 사제, 그리고 수천만명의 신도를 거느리고 있었다. 그러나 강제적인 교회폐쇄가 시작되자 교회는 반으로 축소되었다. 1932년이 되면 "전투적 무신론자동맹"이 적극적인 반종교 투쟁을 전개하기 시작하고, "반부활절, 반성탄절" 캠

페인 운동들이 그것들이다.

러시아정교회는 점차 세력을 잃게 되고, 1933년이 되면 활동하는 교회수는 혁명전의 15~25%로 격감하게 된다. 궤멸적인 교회공격은 여기서 멈추지 않았다. 일찍이 레닌그라드 (현 상트페테르부르크)에 있던 401개 정교회는 5개로 감소했다. 교회공격이 초래한 성직자의 희생은 전율적인 것이었다. 결국 1930년대 10년간 정교회 성직자 3~4만 명이 총살당하거나 그렇지 않으면 수감된 것으로 보인다. 또한 수도원에서 추방당한 수도사나 비구니들도 시베리아의 강제수용소에 갇히거나 혹은 총살당했다 〈히로오카 마사히사, 廣岡正久〉.

## 현재 콘스탄티노플 총주교청

일찍이 강대한 권력을 확장 시켜왔던 콘스탄티노폴 전지역 총주교청은 오늘날 튀르키에 영내에 고요히 남아있다. 총주교청의 정치적 역할은 이제 과거의 것이 되었고 러시아정교회와 단절되었지만, 동방정교회 전반에 대해서 콘스탄티노플의 권위는 아직도 건재하다. 정식 명칭인 "신로마 콘스탄티노플 대주교로서의 전지역 총주교"의 관할하에는 튀르키예의 4개 주교구(전체 신도는 불과 1만명)와 로도스섬 등 몇 개 섬들, "수도원공화국"이라고 불리는 성산 아토스 수도원 등이 속해있으며, 그레타섬은 반자치 교구로 되어있다.

1965년 12월 7일, 로마카토릭교회의 제2차 바티칸공의회가 한창일 때, 콘스탄티노플 총주교 아데나고라스 1세는 로마 교황 바오로 6세와 회담하여 1054년 교회의 동서분열 이후의 상호 파문을 겨우 파기하기로 합의하고 911년 만에 화해했다. 현재 러시아정교회는 우크라이나 정교회의 독립문제를 둘러싸고 콘스탄티노플 전지역총주교와는 단교하고 있지만 양자는 세계교회협의회(WCC)에 속해있고, 콘스탄티노플 전지역 주교청은 에큐메니칼 운동에 열심히 참여하고 있다.

## 러시아정교와 우크라이나

2014년 2월 "마이단정변"으로 친러시아 야누고비치 정권이 무너지고 러시아의 크림병합과 돈바스지역(우크라이나동부) 개입으로 쌍방간에 많은 사상자가 생겼다. 이렇게 러시아와 우크라이나의 전쟁은 시작되었다. 그때 러시아정교 키릴 총주교는 "돈바스 러시아인을 구출한다"는 조건으로 러시아의 군사개입을 지지했다. 러시아정교회는 우크라이나 정교회와 격렬하게 대립하고, 우크라이나 정교회는 모스크바로부터 분리독립을 목표로 하기 시작했다.

한편, 키릴과 푸틴에게 있어서, 러시아정교회에 충성을 맹세한 우크라이나 정교회의 다수파가 분리 독립하는 것은 러시아정교회는 물론 러시아세계에 심각한 위기를 가져올 수도 있는 것이다. 여기에 키릴과 푸틴의 정교 이해의 일치가 이루어지면서 이것이 이번 전쟁의 종교지정학적인 배경으로 생각된다 (Nicholas E. Denysenko, The Orthodox Church in Ukraine: A Century of

왜 군사적 침공이 발생했나?

Separation, Northern Illinois Univ Pr, 2018).

　　우크라이나 정교회 신도들은 지금까지 자기가 다니던 교회가 모스크바 총주교청에 속한 교회인지 아니면 키이우 총주교청에 속한 교회인지 관심을 갖기 시작했다. 그래서 우크라이나 정교회는 우크라이나파와 러시아파로 명확하게 갈라지게 되었다.
　　러시아정교회 이외 여러 정교회뿐만 아니라 카톨릭도 프로테스탄트도 "동방정교회를 대표하는 것은 전지역 총주교인 콘스탄티노플이다"라고 알고 있지만, 러시아정교는 동방정교를 대표하는 것이 모스크바의 러시아정교회라고 주장하고 있다.

## 포로셴코 대통령의 개입

　　정치가 종교에 관여하는 것에 대해 정부내에서 비판이 있었지만 우크라이나의 페트로 포로셴코 대통령(당시)은, 러시아가 우크라이나에 대한 영향력을 유지하기 위한 도구로 모스크바 총주교청의 관리하에 있는 우크라이나 정교회를 이용하고 있는 이상, 이것은 정치문제라는 인식에 기초하여 2018년에 콘스탄티노플을 방문해서 바르톨로메오 전지역 총주교의 뜻을 확실하게 했다. 대통령의 질문에 바르톨로메오는 다음 세가지를 밝혔다. (Nicholas E. Denysenko, 앞의 책).

1. 우리(콘스탄티노플)는 16세기 모스크바 총주교청 설립도 우리에게 있는 권한으로 행했다. 17세기에 우크라이나 정교회의 관할권을 모스크바에 준 것도 우리의 권한이었다. 이러한 콘스탄티노플의 권한은 5세기의 칼세돈(콘스탄티노플 교외)공의회에서 슬라브를 관할하기 위해 콘스탄티노플에게 준 특권이었고, 현재도 유효하다.

2. 우크라이나에 존재하는 3개의 정교회(모스크바파, 키이우파, 독립파)가 합동으로 우크라이나 독립교회 수립의 허가요청을 콘스탄티노플에 제출하기 바란다.

3. 우크라이나 정부도 같은 허가요청을 콘스탄디노플에 제출할 필요가 있다.

이것을 받은 우크라이나 포로셴코 대통령(당시)은 이 정책을 실행에 옮겼다. 이런 움직임에 당연히 푸틴과 키릴은 맹렬히 반발했다. 2018년 8월 말에는 키릴이 직접 콘스탄티노플에 와서 바르톨로메오 주교에게 뜻을 바꿀 것을 촉구했다. 키릴의 부하인 모스크바의 히라리온 주교는 로마 교황뿐만 아니라 각국의 종교 지도자들을 만나서 독립 저지 공작을 펼쳤다. 푸틴도 유럽 수뇌들이 참석하는 회의에서 우크라이나 정교의 독립이 얼마나 위험한 일인가를 호소했지만, 정교분리를 원칙으로하는 유럽 수뇌들을 설득할 수는 없었다.

2018년 7월 모스크바 총주교청은 콘스탄티노플 총주교청에 관계 단절을 발표했다. 러시아정부와 교회가 하나가 되어 이렇게까지 반대했던 이유에 대해 전 우크라이나 대사 스미시 게키(角茂樹)는 다음 5가지 이유를 들고 있다.

1. 모스크바 총주교는 키이우공국의 주교좌, 즉 예수의 사도 안드레에 의해 세워진 전승을 보유하고 있음으로 콘스탄티노플과 대등한 권위를 갖고 있음을 나타냈다.
2. 그러나 우크라이나 정교회와의 단절이 발생한 것에 대

해서 설명 할 수가 없게 되어 모스크바 총주교청은 겨우 모스크바 부주교청이 이사해서 14세기 만들어졌던 "신흥종교"가 되어버렸다. 그러므로 사도계승을 자랑하는 로마, 콘스탄티노플, 예루살렘, 알렉산드리아, 안디옥 등 5대 교회의 권위에 미치지 못하게 되었다.

3. 푸틴의 '러시아와 우크라이나의 민족종교적 일체성' 이데올로기로 보면, 우크라이나와 러시아의 종교적 일체의 증거로써 모스크바 총주교청을 모교회로 하는 하나의 교회라는 것이 필요한 것이다.

4. 세계 최대의 정교회로 자임하는 모스크바 총주교청으로서는 우크라이나를 잃는 것은 신도의 1/3을 잃는 것이고, 우크라이나 동남부의 러시아어를 모국어로 쓰는 많은 사람들을 잃는 것이 된다.

5. 우크라이나에는 11세기로 거슬러 올라가면 수많은 정교회 성지가 있고, 대부분은 아직까지 모스크바 총주교청의 관리하에 있다. 이들이 새롭게 탄생한 우크라이나 정교회에 이관되면 모스크바는 많은 성지를 잃게 되는 것이다.

## 모스크바 총주교청과 키이우 총주교청을 감싸는 우크라이나 정교

2018년 12월 키이우의 소피아 대성당에서 키이우총주교청, 우크라이나 독립정교회, 모스크바 총주교청 각각 대표 2명씩의 회의를 열었다. 여기서 셋으로 나뉘어있는 우크라이나 정교회가 의견을 일치해서 콘스탄티노플 전지역총 주교에게 독립교회 설립의 인가를 요구하기로 결정했다. 이로인해 2019년 1월, 우크라이나에는 교회법상 합법적인 독립교회가 탄생했다.

그럼에도 모스크바 총주교청은 이 회의에 스스로가 파견한 두명의 주교를 파문하고, 이 결정은 무효라고 선언했다. 나아가 이 결정에 불복하여 콘스탄티노플 전지역 총주교, 그리스정교회, 알렉산드리아 정교회, 키프로스정교회에 대해 절교를 선언하고, 이 사건을 신도의 자유침해건으로 우크라이나 헌법재판소에 제소했다. 따라서 지금도 우크라이나에는 모스크바 총주교청과 키이우 총주교청으로 두 개의 우크라이나 정교가 존재한다 (히로오카 마사히사, 廣岡正久, 앞의 책).

나는 이렇게 생각한다. 키릴 총주교가 모스크바를 제3의 로마로써 세계정교회의 중심으로 삼고 싶은 비전이 있다면 화해와 정의를 구하는 미션을 다하지 않으면 안된다. 그럼에도 불구하고 그는 공공연히 푸틴의 전쟁을 지지했다. 이런 과오는 세계 동방정교는 물론 그리스도교에 치유할 수 없는 상처를 줬을 뿐 아니라, 세계인에게 그리스도교에 대한 불신을 조장했다. 종교는 국가에 대한 양심의 소리라는 것을 감당하지 못하면 국가와 안이하게 연결되어 사이비종교가 되고 만다.

## 러시아와 우크라이나 정교에게 던져진 질문들

1686년 콘스탄티노플 총주교청은 우크라이나 정교회는 모스크바 총주교청 관할하에 있음을 결정했다. 이번에 이것을 철회하고 우크라이나 정교회에 자치권을 준 것이다. 이는 단순한 종교

문제만이 아니라 "나토와 러시아의 대리전쟁"(사토 마사루,佐藤 優) 까지는 아니더라도 고도의 종교지정학적 색채를 띤 투쟁인 것이다.

특정종교와 하나가 되는 국가는 - 여기서 이슬람국가론은 생략한다 - 국가의 자기 절대화라기 보다는 오히려 국가의 자기포기이며, 국가가 스스로 일탈하여 본래 임무를 포기한 국가, 즉 "컬트(cult) 국가"다. 왜냐하면 종교에 대한 국가의 임무는 종교적 진리를 묻는 것이 아니라 다양한 형태에 대해서 진실이 정의에 기초하여 표현되는 것을 법적으로 보장하는 책임을 지는 행정기구이기 때문이다. 사상적으로는 거기서부터 종교 분리의 원칙이 파생된다. 국가가 특정 종교에게 특권을 주지 않는 정교분리의 원칙은 사람들의 신앙의 자유를 보장하기 위한 것이다. 칼 바르트의 말이다.

"국가는 그 본성에 따라, 진실한 본래의 인권인 〈유일하면서 불가결한 권한 iusunum et necessarium〉, 즉 의롭다 인정함을 선교하는 자유권을 세우는 것도 할 수 없다는 것을 교회는 알고 있다. 그래서 교회는 어떤 경우에도 그것이 이루어져야 한다는 것을 요구하고 있다."(의인과 법, 칼바르트 저작집 6권, 이노우에 요시오, *井上良雄* 역, 신교출판사, 1965).

　일본학자들 사이에는 일본과 사회학적인 전제가 다른 독일어권의 말을 참고해도 그러한 정치신학은 유효성이 없다는 식으로 말하는 사람들이 있다. 그러나 그렇지 않다. 이 정치신학은 그 사회가 기독교사회냐 아니냐와 상관없이 보편성을 갖는 학설이라는 것은 일본 근대사가 증명하고 있다. 지금 키릴 정교회가 이런 문제에 대해 답을 요구받고 있는 것이다.

# 3장.
## 푸틴과 러시아 지식인의
## 우크라이나 멸시

대국의 국민이 주변 소국민을 멸시하고, 그 소국이 자국의 소수자를 차별하는 것은 어느 시대에나 있었다. 일본도 오키나와인, 조선인, 중국인, 아이누 선주민들을 멸시해 왔다. 이런 흐름은 일본에 있어서 초국가주의의 원조라고 할 수 있는 야마가 소고(山鹿素行, 1622-1685)까지 거슬러 올라간다("中朝事實" 1669년 〈일본사상체계 32〉 수록, 岩波서점). 당시 중국은 스스로를 중화(中華)로 칭하면서 세계 중앙에 위치하는 중조국((中朝國, the central dynastic nation of the world)이라 하고, 다른 나라는 모두 야만국이라 간주했다. 그러나 야마가소고는 아니라고 하면서, 일본이야말로 문화적으로 정치적으로 중화(中華)로 불릴 가치가 있다고 주장했다. 이런 생각은 나중에 요시다 쇼인(吉田松陰)을 시작으로 하는 존왕양이(尊王攘夷)파 무사들에게 큰 영향을 끼쳤다. 푸틴과 러시아를 특수화하지 않기 위해 여기서 일본과 중국의 예를 들었다. 여기서 실례로 러시아를 보자.


## 블라디미르 푸틴

"우크라이나인은 실재하지 않고, 우크라이나국가는 구미 여러나라에 의해 정치적, 그리고 인위적으로 생겨난 것"이라는 생각은 러시아의 문화, 문학, 정치의 주류로써 옛날부터 있어 왔다. 러시아의 리버럴 반체제파에서 조차 우크라이나에 대한 푸틴의 견해를 공유하고 있다.

푸틴 대통령은 2022년 7월 12일, 우크라이나에 대한 자신의 견해를 논문 "Article by Vladimir Putin 'On the Historical Unity of Russians and Ukrainians'." (러시아인과 우크라이나인의

역사적 일체성에 대해서)를 발표했다. 이 논문은 우크라이나 침공 준비를 하는 러시아 병사들 앞에서 읽혀졌다.

논문의 내용은 대러시아주의를 고무시키기 위한 것으로, 러시아와 우크라이나의 관계를 중세까지 거슬러 올라가 러시아가 왜 우크라이나를 신경 쓰는지를 설명하고 있다. 결론적으로 다음과 같이 푸틴은 생각하고 있다.

나는 우크라이나의 진정한 주권은 러시아와의 파트너십으로서만 가능하다고 확신한다. 우리의 영적, 인간적, 문명적인 결속은 수 세기에 걸쳐 형성된 같은 뿌리에 기원하고 있고, 공통의 시련, 성과, 승리에 있어서 확실시 되어왔다. 우리의 가족관계는 세대를 거쳐 전해 내려왔다. 수백만의 가족을 결속시킨 것은 현대 러시아와 우크라이나에 사는 사람들의 마음과 기억 가운데, 그리고 혈연관계에 있는 것이다.

푸틴의 논문은 러시아시민들이 지금도 왜 우크라이나 침공을 계속 지지하는지를 이해하는데 도움이 된다. 푸틴이 민족, 언어 문제를 거론하는 것은 우크라이나에서 러시아어를 모국어로 쓰는 1,200만(전인구 4,500만명)의 우크라이나 국적인들이 있기 때문이다. 그는 2007년 알렉산드르 솔제니친이 죽기 1년 전 자택을 방문해서 러시아 최고 훈장을 수여했다. 푸틴은 그때, 러시아 정책의 일부는 솔제니친의 사상에서 힌트를 얻었다고 말했다.

우크라이나와 러시아의 일체성이라는 발상은, 푸틴 자신이 인정한 것처럼 러시아주의의 사상가로부터 배운 것이다. 그 중 하나가 알렉산더 도킨의 "유라시아주의"라고 알려진다. 유라시아라는 말은 "유럽과 아시아의 지정학적 중간 영역"이라는 의미일 것이다. 푸틴에게 그 유라시아주의의 담당자들은 다름 아닌 러시아, 우크라이나, 벨라루스 등의 슬라브 민족인 것이다.

이 세 민족은 사상적 유사성은 있지만 역사적 관련성은 없다는 사람도 있다. 이 슬라브주의는 러시아정교와 손을 잡고 함께하면서 발전하고 세련되어 왔다. 이러한 민족주의적, 종교지정학적인 사상을 푸틴 대통령이 다시 들어낸 것이라 할 수 있다.

# 알렉산드르 솔제니친 (1918-2008)

"폭력은 그 자체만으로 생존해 나갈 수 없다. 항상 거짓과 결합되어 있다. 거짓만이 폭력을 감출 수 있고, 폭력만이 거짓을 끝까지 하게 할 수 있다." (도쿄신문사설 〈거짓과 폭력의 공범관계〉 2022년 4월 3일)

이 말은 알렉산드르 솔제니친이 1970년에 노벨문학상을 받았을 때 기념강연 중 한 말이다. 동서 냉전 중에 소비에트 정권에 박해받고 구미 사회의 지지를 얻었지만, 제정러시아를 찬양하는 그 사상은, 소련체제는 물론이거니와, 구미의 민주주의와도 대립하는 것이었고, 오히려 푸틴정권의 강압적인 성격에 겹친다. 솔제니친이 서방사회와 입장을 같이 한 것은 반 소비에트라는 이념뿐이었다. 사실 그의 보수성과 반유대성은 서방 사회로부터 비판받아 왔다.

*"내 민족이 셋으로 갈라진 것은 몽고 침략이라는 무서운 재난과 폴란드가 식민지가 된 것 때문이다. 러시아어와 다른 말을*

쓰는 우크라이나인이 이미 9세기경부터 존재하고 있었다는 설은 최근에 만들어진 새빨간 거짓말이다. 우리 모두는 고귀한 키에프 러시아로부터 나왔다." (솔제니친 《소생하라 나의 러시아여》 기무라 히로시(木村浩) 역, 일본방송출판협회, 1990년)

여기서 말한 "내 민족이 셋으로 갈라진 것"은 "위대한 슬라브"가 러시아, 우크라이나, 벨라루스의 세 국민국가로 나뉘어졌다는 것을 의미한다. 솔제니친은 대러시아주의 이념 소유자였다. 황폐했던 1990년대 조국을 직접 체험하면서 그는 러시아 정교를 기반으로 한 대슬라브 연합을 제창했다. 이런 생각은 슬라브 3국을 하나로 보는 푸틴과 같은 것이다.

## 알렉산드르 두긴 (1962- )

두긴은 "지정학의 기초"(1999)와 "제4의 정치윤리"(2014) 이 두 저작과, 솔직하게 말하는 스타일로 현대 러시아의 정치사상을 확실하게 리드해 나가고 있다. 특히 "지정학의 기초"는 러시아 군사학교의 교과서가 될 정도이다.

그는 구약성서에 등장하는 땅의 괴물 베헤못과 바다의 괴물 레비아단(욥기서 40장)의 은유를 사용해서 세계의 양극대립을 설명한다. 땅과 바다의 양극대립은 고대로부터 현재에 이르기까지 세계의 구조를 규정하는 보편적 대립이다. 일찍이 대륙세력을 대표했던 소비에트가 냉전에 패했지만, 계승국인 러시아가 새로운 유라시아 블럭을 형성하여 해양세력인 미국(NATO)의 1극 지배와 맞서는 새로운 양극구조를 만드는 것이 "신 유라시아주의"의 목표다. (구로이와 사치코,黑岩幸子 "서평 알렉산드르 두긴 〈지정학의 기초 러시아 지정학적 미래/공간을 생각한다〉 종합정책 제4권 제1호").

두긴은 우크라이나가 문화적 또는 지정학적 정체성을 갖지 않기 위해 독립국가로 존재해야만 하는 것은 아니라고 생각하며, 우크라이나가 이상하다고 말한다. 그는 통신사와의 인터뷰에서 "우크라이나인들은 살해당하고, 살해당하고, 살해당해야만 한다!" "이 이상의 추론은 필요없다, 나는 교수로서 이렇게 전한다"

고 답했다. 이 발언이 문제되어 그는 모스크바대 교수직을 잃게 되었다 (찰스 · 크로뷔 - "유라시아니즘 – 러시아 신민족주의의 대두" NHK 출판, 2016). 나아가 이 발언은 서방국가들에게도 불똥이 되어 두긴의 이름은 제재 대상 리스트에 포함되게 되었다.

정교 문제에서 두긴은 모스크바 총주교청의 확장주의 정책을 지지하면서, 키이우 총주교청이 모스크바로부터 독립하는 것은 터무니없는 것이라고 일축하면서, 러시아가 리더가 되는 "정교세계(Orthodox World)"를 주장하고 있다.

## 라자르 카가노비치(1893-1991)

카가노비치는 러시아 제국시대 우크라이나 키에프현 농촌에서 유대인 양친 하에 태어나서 18살에 볼셰비키에 입당했다. 그 후 여러 반제 정치활동의 투지로 러시아혁명의 전위대로 두각을 나타내면서 스탈린의 측근이 되어 절대적인 신임을 얻었다. 그는 스탈린에게 완전히 동의하지 않는 자는 철저히 숙청되어야 한다는 원칙을 갖고 스탈린을 따랐다.

1924년 그는 소비에트 중앙위원의 위원이 되었고, 그 활동이 평가되어 1925년 ~ 1928년까지 우크라이나 공산당 제1서기로 일했다(Stuart Kahan, *The Wolf of the Kremlin: The Biography of L.M.Kaganovich, the Soviet Union's Architect of Fear*, William Morrow & Co, 1987).

그는 부농(富農)에 대해 이상할 정도의 경제적 압박을 가하면서 집단농업화 정책을 철저히 시행했고, 우크라이나 문화를 파괴하고 소비에트화를 추진하면서 많은 당 관료들이 우크라이나 민족주의자로 몰려 숙청당했다. 그 결과 1932년 ~ 1933년에 걸쳐 스탈린과 함께 수백만 우크라이나인들을 아사(餓死)의 길로 몰아갔다. 홀로도모르(Голодомор;Holodomor, 기아를 통한 집단살인)의 제1책임자인 것이다. 그래서 어느 우크라이나의 퇴직 교사는 그를 "러시아의 게링(히틀러의 복심인 헤르만 게링)"으로 부른다.

## 내부의 타자를 확인할 수 없었던 지도자들

　내가 언급한 네 명의 역사적 인물들은 공통적으로 유별난 야망과 소원을 가진 자들이지만, 모두는 근대 서구의 대표적인 가치관인 민주주의와 인권사상을 전면적으로 비판하는 사람들이다. 그런데 그들은 자기들과 다른 정체성을 가진 동족인 우크라이나인을 승인할 수 없었다.
　근대 서구를 대표하는 막스 베버와 미셸 푸코는 근대주의 비판에 기초해서, 근대국가(국민국가)라는 새로운 질서의 형성은 어디까지나 자기와 다른 타자를 배척하는 것으로만 성립할 수 없다고 지적했다. 팔레스타인 사회학자 에드워드 사이드는 베버나 푸코를 공부하면서, 서양문화의 고질병을 "오리엔탈리즘"이라는 개념으로 명시했다. 사이드는 이 개념을 〈동양(오리엔트/슬라브)에 대한 서양의 사고와 지배양식〉으로 다시 명시했다. 따라서 관찰하고 지배하는 서양은 문명과 선진을 대표하고, 관찰당하고 지배당하는 동양은 야만과 후진을 대표하게 되었다.

나는 위의 개념으로 4명의 러시아계 지도자들을 분석한다. 즉, 그들이 의지하는 "대러시아주의"나 "유라시아니즘"은 사실상 몽골계, 카자흐스탄 등의 중앙아시아계, 아제르바이젠과 아르메니아의 코카사스계, 우크라이나와 벨라루스의 슬라브계 민족들을 "다른 정체성을 가진 내부의 타자"로서 인정하지 않고 동화와 배척의 이론으로 지배했다. 그것은 바로, 서양이 동양사람에게 관심이 없었다는 것과 마찬가지로, 일본제국이라는 새로운 근대국가가 주변국 사람들을 열등한 존재들로써 식민지화했던 것처럼, 여기서 "생명의 서열화"라는 근대적 고질병이 문제가 되는 것이다.

# 4장.
## 푸틴 대통령의 개전 연설 해석

　　푸틴이 2021년 7월 12일 발표한 범러시아주의 논문 "러시아인과 우크라이나인의 역사적 일체성에 대해서"가 이론편이라면, 2022년 2월 24일에 포고된 "개전연설"은 실천편으로 읽을 수 있다. 이 연설에서 푸친은 러시아 국민에게 우크라이나에 대한 특별군사작전 실시 이유와 그 목적을 여러 각도에서 설명했다. 그 메시지는 직접적으로는 러시아 국민에게 말하는 것이었지만, 간접적으로는 우크라이나와 나토국가들로부터 전세계에 대한 "러시아의 변명"이었다.

　　이 연설은 역사인식에 있어서 몇 군데 문제가 있지만, 국가가 군사행동을 정당화하기 위해서는 필요한 말이었을 것이다. 그럼에도 연설 원고에는 우리가 귀 기울여 들어야만 하는 주장들이 몇 가지 있다. 그래서 이번 장에서는 이 선전포고 문서에 나타난 특별군사작전의 목적이 무엇인지, 이 문서에서 잘못된 역사인식은 무엇인지, 그리고 우리가 전쟁정책을 부정하면서도 귀 기울여 들어야만 하는 논점이 무엇인지에 대해서 생각해 보려고 한다. 그래서 우선 군사행동의 목적을 4가지로 정리해 봤다.

## 특별군사작전의 4가지 목적

(1) 러시아에 있어서 중대한 안전보장 문제 – UN 헌장 제51조의 "개별적 또는 집단적 자위의 고유권리"에 따라서 우리(러시아)는 이틀 전(2월 22일)에 러시아 연방의회가 비준한 도네츠크 인민 공화국과 루한스크 인민공화국(러시아와 국경을 접하는 동우크라이나의 돈바스 지역 2개 주)과의 우호 협력에 관한 조약을 이행하기 위해 특별군사작전을 실시 하기로 결정했다.

(2) 우크라이나인의 권리와 자유를 지키기 위해 – 우리의 특별군사작전은 우크라이나 점령이 아니라 테러리스트의 위협으로부터 우크라이나인의 자유와 권리를 지키기 위한 행동이다.

(3) 나토의 동방확대를 저지하기 위해 – 나토는 1인치라도 동쪽으로 확대하지 않는다고 미국이 우리에게 약속했음에도 불구하고 그 약속을 파기했다. 결국 유럽과 미국은 러시아에 대해 냉소적인 기만과 허위, 압박과 공갈을 시도하고, 러시아인의 영혼에 깊은 상처를 입혔다. 우리는 서구제국의 침략에 다시 싸우야만 한다.

(4) '네오나치주의의 우크라이나 민족주의'에 대한 투쟁 – 대조국전쟁(제2차세계대전)시 우크라이나 학살자(나치스)들은 무방비 상태의 사람들을 공공연히 죽였지만, 지금 우크라이나 땅에서 히틀러의 후계자들이 행하고 있는 러시아와의 투쟁 기획에 대항해야만 한다.

## 잘못된 역사인식

푸틴의 연설은 불안, 공포, 분노의 충동 가운데 쓰여졌다. 그는 1990년대 체첸과 그루지아(조지아)의 무장세력을 '테러리스트'라고 하면서 무력으로 전멸시켰고, 북코카사스의 난을 압도적 무력으로 진압함으로써 러시아의 일체성과 안전, 발전, 존재를 수호했다고 자랑했으나, 우크라이나 군이 국내의 반정부세력을 공격하는 것에 대해서는 허락하지 않는다. 연설에서는 이런 모순에 대해서는 전적으로 언급하지 않는다.

또한, 러시아는 세계 최대의 핵보유국이며, 미사일 등 최신 병기면에서도 어느 정도 우위에 있기에 미국이 동맹국의 힘을 갖고 있다고 해도 러시아를 이길 수 없다고 위협하면서, 러시아를 직접 공격하는 나라는 괴멸과 비참한 결과를 맞게 될 것이라고 위협하고 있다. 이것은 명백히 무력에 의한 위협으로써 UN 헌장 1장 2조 4항의 "모든 회원국은 국제관계에 있어서 무력에 의한 위협 또는 무력 사용을 어떤 나라의 영토 보존이나 정치적 독립을 위한 것으로, 또한 UN의 목적에 양립하지 않는 다른 모든 방법도 삼가해야만 한다"를 위반하는 것이다.

연설 마지막에 젤렌스키 정권과 그 군대를 분석하면서 "지금부터 일어날 수 있는 유혈사태의 모든 책임은 온전히 우크라이나 영토를 통치하는 권력자들에게 있다"고 전제하면서, 우크라이나 병사들은 정권의 명령에 등을 돌려 무기를 놓고 전장을 떠나 가족에게로 돌아가는 것이 좋다고 결론짓고 있다.

이런 결론은 전형적인 정보전의 한 방법이었다. 특히 수도 키이우를 침공한 러시아군은 그때까지 들던 "우크라이나의 친러감정"이라곤 하나도 없는 민중의 저항에 직면하여 전의를 상실했다. 젤렌스키 암살작전과 키이우 공략의 실패, 그리고 '이루핀'과 '부차'에서의 학살과 연결되어있다고 전해진다.

덧붙여서 말하자면, 전쟁개시부터 이틀만에 "젤렌스키 대통령은 국외로 망명했다"는 거짓 정보가 모스크바로부터 각국 러시아대사관을 통해 전세계로 전해졌다. 2022년 3월 우크라이나를 방문한 나는 "당신은 이런 정보를 믿었습니까?"하는 질문을 여러 사람에게 던져 보았다. "믿고 싶지 않지만 그렇다고 받아들였다" "절망의 나락으로 떨어졌다" "젤렌스키, 당신도!" "이 소식으로 천천히 폴란드로 피난하기로 결정했다" "젤렌스키다운 행동이다" 등 여러사람들이 이 거짓 정보를 믿거나 거기에 휘둘렸다고 대답했다.

그런데 한 노인은 절대로 아니라고 답했다. "나는 믿지 않았다, 왜냐하면 이것은 모스크바가 만든 거짓 정보였기 때문이다". 이 노인은 소비에트 시대 소련육군의 정보장교 경험으로부터 이런 거짓을 냄새 맡을 수 있었다고 말했다.

## 경청해야 할 논점

이상의 개전연설에 대해서 나는 귀 기울여야 할 것이 세 가지 있다고 생각했다.

**(1) 약속 파기, "나토군은 1인치도 동쪽으로 확대하지 않는다"**

1990년 미국무장관 제임스 베이커는 소련 서기장 고르바초프에게 "나토군의 관할은 1인치도 동쪽으로 확대하지 않는다"고 말했다. 다음 날, 독일의 한스겐샤 외무상과 헬무트 콜 수상도 소련을 방문해서 같은 취지의 말을 했다 나토의 만후레토 뵈르나 사무총장도 같은 해 5월 "나토군을 서독 밖으로는 배치하지 않을 용의가 있다"고 연설했다 (아사히신문디지탈, 2022.4.21).

**(2) 푸틴 · 러시아의 세력 약화**

따라서 푸틴은 미국이 나토를 대외정책의 도구로 사용하고, 러시아를 봉쇄하고, 반러시아의 지정학적 공동체를 만들려고 하는데, 이것은 러시아에 있어서는 생사를 가르는 문제의 연설인 것이다. 확실히 푸틴의 말은 피해망상의 말은 아니다. 사실 바이든은 우크라이나 전쟁을 "푸틴, 러시아의 약체화"를 목표하고 있다고 여러번 기자회견에서 말했다. 또한 미국 보수계 웹사이트인 반네오콘(반신보수주의)을 표방하는 The American Conservative (미국보수)는 2022년 4월 14일 "워싱톤은 우크라이나인이 최후 1인까지 러시아와 싸운다"는 제목의 바이든 의 비판을 발표했다.

### (3) 패자 무시

유럽과 미국이 러시아를 냉전의 패자로 무시해 왔다는 푸틴의 주장은 잘못된 것은 아니라고 생각한다. 내 친구인 러시아인이 다음과 같이 알려줬다. "미국의 여러 대통령들과 유럽의 지도자들 다수는 러시아를 냉전의 패전국으로 무시해 왔다. 이런 무시는 '패전국은 당신 나라 정부(일본)처럼 비굴하게 고분고분 미국에 순종해야 한다'는 승자의 교만으로부터 오는 것이다. 나는 이런 점에서 푸틴과 같은 견해를 갖고 있으면서도 결은 달리한다. 즉, 냉전에 승리한 것은 유럽과 미국이 아니라, 고르바초프와 그의 페레스트로이카(고르바초프가 서기장이 되어 소비에트 연방에서 한 개혁)를 지지했던 나와 러시아 민중이다. 러시아인들이 이런 인식을 다시 공유할 수 있는 날이 온다고 나는 믿는다".

내 친구의 이러한 역사인식을 들으면서 지금까지 볼 수 없었던 새로운 시야가 열렸다. 그러나 푸틴의 연설문을 읽는 한, 구소련의 첩보기관 KGB의 에이전트로써 푸틴 자신이 지지했던 소비에트 연방붕괴의 역사적 원인에 대해서 검증한 형적은 전혀 볼 수 없다. 그래서 그는 표도르대제를 칭송하면서 스탈린을 재평가할 수 있었다고 보인다.

이것은 우리나라(일본)가 국민의식에 있어서, 종전을 인정하면서도 패전을 검증하지 못하고, 종전의식의 연속성을 천황제로 이어갈 수 있었던 것과 겹쳐지는 것이다.

# 5장.
## 우크라이나 독립으로부터 광야의 30년

서술한 바와같이 개전연설에서 푸틴은 "마이단 정변"에 대해서 이렇게 쓰고 있다. "2014년 우크라이나에서 쿠데타를 일으킨 세력이 권력을 잡고, 허울뿐인 선거절차로 정권을 유지하면서, 분쟁의 평화적 해결을 완전히 거부하는 것을 우리는 목격했다. 끝이 보이지 않는 긴 8년 동안 우리는 사태를 평화적, 정치적 수단에 의해 해결하기 위해서 최선을 다했다."

본 장에서는 신뢰할 수 있는 자료를 토대로 푸틴의 이런 말이 어디에 신빙성이 있고 없는지를, 1991년 독립으로부터 광야 생활 30년 동안 있었던 일을 대략 묘사함으로 확인해 보고자 한다.

## 신생 우크라이나의 자본주의화에 동반하는 어려운 경제상황

1992년 6월 3일 구소련 계승국인 러시아연방과 구소련에서 독립한 우크라이나공화국은 함께 국제통화기금(IMF)에 가입, IMF 융자 조건하에 자본주의 시스템으로의 변환을 강요받으면서 자금차입을 실행했다. 우크라이나가 수락한 융자조건은 규제완화, 민영화 그리고 매크로경제(금융과 국내 총생산등의 변수에 의한 총수요 관리정책)의 안정화였다.

규제완화에 의해, 환율 제도는 변동상장제로 이행하고, 우크라이나의 통화 흐리우냐의 가치가 크게 하락했다. 민영화 구호하에 러시아 신흥재벌과 구미자본이 암약하고 국영기업이 입찰하여 민간에 싸게 매각되고 빈부격차가 커졌다. 따라서 사회복지 수준이 떨어져 주택과 공공요금에 대한 보조금이 폐지되고, 저임금 경제모델이 생기게 되었다.

2014년 당시 빅토르 야누코비치 대통령은 러시아와의 관세동맹과 값싼 석유, 가스에너지를 희생해 가면서까지 EU에 가입하는 것은 우크라이나 경제에 도움이 안된다고 판단했다. 따라서 우크라이나의 지정학적 국익은 러시아와 서구 쌍방과의 우호관계를 유지하면서 중립정책을 취하는 것이라고 호소했다. 반대로 EU와의 제휴협정에 서명하면 EU로부터 수입되는 제품의 72%에 대해 즉각적으로 관세가 폐지된다. 그 결과 경쟁력이 없는 우크라이나의 산업은 마지막 남은 동우크라이나 국영기업을 포함해 괴멸적인 타격을 입을 것이 확실시되고 있었다.

실제로 우크라이나 무역상대의 60% 이상은 러시아등 구소련 연방제국이다. 따라서 러시아는 우크라이나를 경유해서 EU 제품이 자국에 유입되는 것을 방지하기 위해 우크라이나로부터의 수입품에 대해 관세를 매기게 될 것이 예상되어, 결과적으로 우크라이나의 공업제품은 주요한 수출선을 잃게 되고, 경쟁력이 없기 때문에 EU에 수출할 수 없는 사태가 벌어지게 될 것이다 (캐논그로벌전략연구소 연구주간 고테가와 다이스케 小手川大助의 연구 참조).

## 친 러시아파(비동맹) 야누코비치의 당선

2010년 대통령선거는 어찌하면 이 심각한 경제상황을 타개할 것인가의 과제를 둘러싼 선거였다. 야누코비치 후보는 우크라이나 동부출신으로 러시아어를 모국어로 쓰는 친러시아파였다. 한편 율리아 티모센코후보는 발트삼국의 라트비아 출신으로 러시아어를 모국어로 쓰는 서구파의 정치인이며 자본가였다.

우크라이나 국민은 야누코비치를 대통령으로 선택했다. 아래 지도는 2010 우크라이나 대통령선거의 투표현황을 나타내는 지정학적 지도이다. 쥐색으로 짙게 그려져 있는 동남지방 주민의 다수는 러시아어를 모국어로 하는 우크라이나인이지만 분리주의자들은 아니다. 정치적으로는 러시아와의 관계를 중시한다. 그들 다수가 야누코비치에게 투표했다. 짙은 검은색으로 묘사된 북서지방의 다수는 우크라이나어를 모국어로 하는 우크라이나인이다. 정치적으로는 서구파가 많고 대다수가 티모센코에게 투표했다.

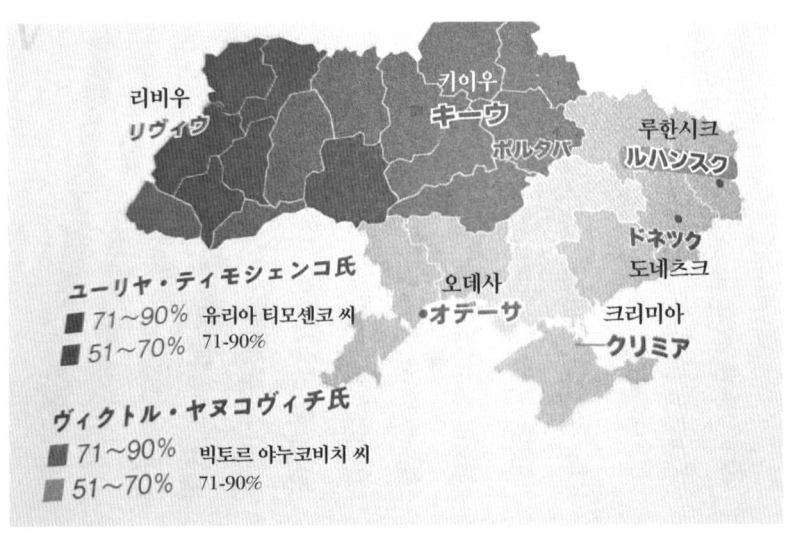

한 눈으로 봐도 명확하게 동남지방은 러시아와의 정치, 경제적인 관계를 깊게 하려는 경향이 있고, 북서지방은 서구와 정치, 경제적 관계를 우선시 하는 둘로 나뉜 나라라는 것을 알 수 있다. 이 문제는 이미 언급했지만, 우크라이나가 연달아 외국의 침략을 받아온 역사와 깊은 관계가 있다.

---

## "마이단 정변"은 왜 일어났나?

시리아 위기가 중동을 흔들고 있을 때, 야누코비치 대통령은 현안으로 EU 연대협정과 러시아 가스대금에 따른 경제원조를 저울질하는 중대한 정책을 취하고 있었다. 그러나 2013년 11월 EU와의 연대협정 조인은 연기되었고, 이를 계기로 12월부터 수도 키우 중심부 마이단광장에서 야누코비치 정권에 반대하는 친서구파 시민들의 항의 데모가 계속해서 일어나기 시작했다. 시민들의 시위는 다음 해 2월 18일부터 수만명 규모로 확대되면서, 최고조에 달한 것은 2월 20일이었다.

그날 주변 여러 빌딩 창문에서 불특정 다수를 향한 저격수들의 총격이 개시되었고, 시위 참가자 53명(우크라이나 경찰발표는 107명)과 경찰기동대 18명이 살해당했다. 경찰의 무선접수에 의하면 적어도 3개 무장경찰대가 광장 주변에 배치되어 있던 것으로 밝혀졌다. 수십명 목격자와 10여 대 카메라가, 경찰대가 대기하는 위치로부터 황색 오메가 완장을 과시하는 우크라이나 내무성 특수부대가 고성능 소총으로 시위대를 향해 발포하는 장면을 포착했다. 카메라는 비무장의 경찰기동대원들이 저격자의 총탄을 맞으면서 후퇴하는 장면도 포착했다. 패닉상태의 시위대는 대통령 관저와 의회를 점거했고, 야누코비치 대통령과 각료들은 관저를 탈출하여 하루키우, 크리미아로 해서 러시아로 망명했다.

　이런 대량학살의 잔인한 영상을 뉴스로 본 사람들은 야누코비치의 짓이라고 확신했다. 또한 뉴스 편집의 의도도 거기에 있다고 생각했다. 여러명의 저격수가 체포되었지만 이상하게도 그들의 정체는 아직 불명확하다. 2014년 2월부터 오늘에 이르기까지 "마이단살육"으로 유죄판결을 받은 사람은 한 사람도 없다.

　이 의문에 도전한 학자가 캐나다 오타와대학의 이반 카자노프스키다. 그는 키이우에 가서 여러 가지 방해에도 불구하고 이 의문의 답을 위해 조사했다. 그의 논문이 2017년 5월 4일~6일 뉴욕 콜롬비아 대학의 국제회의에서 발표되었다. 그의 조사 연구는 "공적으로 입수 가능한 증거, 특히 우크라이나 정부의 조사와 재판기록에 의존했다. 따라서 마이단 살육을 기획한 자들과 가해자들의 신원을 특정할 수는 없었다. 이 재판과 조사로부터 밝혀진 사실은, 마이단 살육이 거짓깃발 작전이었다는 것을 입증한다는 것이다". 그래서 그 음모의 기획자금을 제공한 조직과 인물이 누구인가는 유감스럽게도 현재 우크라이나 당국은 밝히지 않고 있다(The Maidan Massacre in Ukraine from Trials and Investigation).

명확한 것은 적과 아군 쌍방을 다각도에서 일제 사격했고, 대규모 "shock-doctrine 전략(사회 괴멸적 참사가 발생한 직후 사람들이 망연자실하고 있을 때를 기회로 교묘하게 이용하는 전략, 나오미 크라인)"이라는 방법으로 현장을 대혼란으로 만들고, 야누코비치 정권의 와해로 몰아갔다는 사실이다. 따라서 카자노프스키는 러시아의 우크라이나 침공을 정당화하는 정치적 의도를 결코 지지하지 않는다. 그의 조사 결과는 우크라이나에게는 "불편한 진실"일지 모르지만, 어떤 나라나 불편한 진실은 있는 것이다. 이에 대해 성실하게 맞서는 국민만이 확실한 미래를 얻을 수 있는 것이다.

다음 4개의 무시할 수 없는 사실을 확인해 보자.

### (1) 미 부대통령 조 바이든의 간섭

사실 2014년 2월 18일부터 20일까지 당시 미 부통령 조 바이든은 야누코비치와 비밀리에 전화 연결한 것을 자서전 "약속해 주지 않겠어요? 아버지 – 희망, 고난 그리고 결단의 날들"(早川書房, 2021)에, 아무 증거도 없는 프로파간다를 쓰고 있다.

"나는 야누코비치와 몇 번 긴급통화를 했지만, 2014년 2월 하순 전화가 마지막이었다. 그가 보낸 저격수들이 우크라이나 시민 수십 명을 저격한바, 그 이상의 비열한 탄압을 획책하고 있다는 신뢰할 만한 정보를 얻었기 때문이다. 나는 수개월 전부터 시민 탄압을 자제하라고 야누코비치에게 경고해 왔고, 시위가 시작되고 3개월이 지난 어느날 밤 '당신은 이제 마지막이다. 저격병들을 불러 퇴각시켜야 한다'고 말했다. 그를 진짜 지지하는 세력, 뒤에서 방패가 되어주면서 조종하는 크레믈린 정치인들이나 러시아인들이 이 대참사로부터 구원해 줄 것이라는 생각은 하지 않는게 좋을 것이라고 경고했다."

### (2) 에스토니아 외무상 우루마스 빼토의 정보

당시 키이우 방문중인 에스토니아 외무상 우루마스 빼토가 EU 외교정책상급대표(EU외무상) 캐서린 안슈톤과 했던 전화통화 내용이 인터넷에 퍼졌다. 거기서 빼토는 시위참가자와 경찰 특공대들은 같은 총탄에 의해 살해되었다고 말했다. "따라서 저격수들을 배후에서 조종한 것은 야누코비치가 아니라 다른 관련 조직에서 파견된 자들이라는 의견이 점점 강해지고 있다."

그런데 우크라이나의 잠정적 보건상 레오그무시도 시위

참가자들과 경찰특공대들은 같은 저격수들에 의해 저격당했다고 확인했지만, 결론은 뻬토와 달리 "야누코비치 정권의 이념을 지지해 왔던 러시아 특수부대가 관여한 것 아닌가" 추측하고 있다.

### (3) 네오콘계 외교관 빅토리아 누란도의 암약

바이든 부대통령 하에서 국무차관보를 지낸 누란도와, 주우크라이나 미국대사 제프리 뻬아토(당시)가 마이단 정변에서 행한 역할을 빠트릴 수 없다. 특히 누란도는 2013년 나토대사에서부터 미국무성의 유럽-유라시아 담당 차석보를 했던 네오콘계의 외교관으로서, 그녀는 바이든의 지휘하에 일해왔다. 그녀에게 있어서 우크라이나는 반러시아의 보루가 되어야만 하는 지정학적 사명을 가진 땅이었다.

누란도 미 국무차관보와 뻬아토 주우크라이나 미국대사의 1월 28일 전화 통화가 러시아 첩보부에 누출되어 인터넷상에 공개되었다. 그중 누란도가 "Fuck the EU"라고 외설스러운 말을 씀으로 미국과 EU의 관계를 악화시켰다는 것은 유명한 일화이다.

덧붙이자면, 누란도의 논문 "Pinning Down Putin: How a

Confident America should Deal with Russia(푸틴을 움직이지 못하게 함: 어떻게 미국은 자신감을 가지고 러시아에 대처해야 하는가)"이 2020년 7, 8월호 미 정치잡지 Foreign Affairs에 실렸다. 여기에서 푸틴-러시아의 약체화 전략을 제창하는 누란도의 네오콘 방식이 남김없이 발휘되고 있다.

마이단 정변에 대해 오바마 대통령(당시)은 분쟁 1년 후 2015년 1월 말 CNN과의 인터뷰에서 미국이 야누코비치의 러시아 망명 등, 우크라이나의 권력 이동에 관여한 것을 인정했다. 사실 누란도는 동유럽의 로비외교관으로, 미국 우크라이나인 협회 강연에서, 야누코비치 정권의 붕괴 이전부터 아르세니 야체뉴크를 수상으로 하는 시나리오에 기초한 공작을 하고 있었고, 그러한 정치공작이 EU와의 사이에 상처를 만들고 있었다는 것 등을 증언하고 있다 (시모토마이 노부오, 下斗米伸夫).

### (4) 종교지정학적 대립으로서의 마이단 정변

마이단 정변은 러시아 총주교청의 관할에 있던 우크라이나 동남부의 정교회와 러시아 총주교청의 권위로부터 독립하려고 하는 우크라이나 정교회와의 대립에서도 있었다. 그보다 중요한 종교지정학적인 요인은 우크라이나·민족주의의 거점으로써 유니에이토교회(정교와 카토릭의 합동교회)가 있는데, 이를 무시하고 마이단 정변을 논할 수는 없을 것이다.

이미 알려져 있지만, 유니에이토교회는 제정 러시아 시대와 소련 시대에 큰 박해를 경험했던 교회이고, 우크라이나에서는 반러시아 운동의 중심적 존재 중 하나였다. 따라서 유니에이토는 친러시아파인 야누코비치 정권을 허용할 수 없었다.

오해없도록 부연설명 하면, 유니에이토와 마이단광장을 피로 물들인 반러시아 극우세력은 근본적으로 다른 집단이다. 따라서 유니에이토 교회와 우크라이나 정교회 그리고 프로테스탄트 교회 3자가 우크라이나·민족주의와의 유대를 통해서 러시아의 우크라이나 침공에 대해 사상적으로 싸우는 종교지정학적인 환경이 출현한 것이다.

## '마이단 정변'으로 인한 반러시아 극우내각의 성립

삐아토와의 통화 중에 누란도가 "Fuck the EU"라고 외설스러운 말을 함으로 미국과 EU의 관계를 악화시켰다는 유명한 일화에 대해서는 앞에서 다뤘다. 그러나 그 이상의 문제는 그녀가 삐아토와의 대화 중에서, 반야누코비치 세력 중 리더로 알려진 전복싱계의 헤비급 챔피온인 "쿠리체코씨와 스보보다(러시아가 네오나치라고 부르는 극우정당) 당수 체후누보쿠씨는 문제가 있기 때문에 (티모센코에 가까운) 야체누크씨에게 스포트라이트를 맞추는 것이 좋다, 쿠리체코씨는 정부 내부에 안 들어가는 것이 좋다"고 미 정부고관이 차기 우크라이나 정부 수뇌를 마음대로 정했다는 것이다 — 일본의 총리도 하토야마 이치로(鳩山一郎)부터 하토야마 유키오(鳩山由紀夫)까지 12명의 총리가 미국정부에 의해 갈아치움을 당했기 때문에(마고사키 우케루,孫岐亨, "미국에 뭉개진 정치인들", 하산서방신서, 2021), 누란도의 행동거지를 예상하는 것은 어려운 일이 아니다. — 다음 대통령 선거까지 중간 역할로 말하자면, 우크라이나 신정부에 스보보다등의 반러시아 극우 간부가 차례로 임명되었다 (부수상, 농업장관, 환경장관, 교육장관, 체육장관, 국가안전보장 내지 국방회의의장). 신정부의 대표자들은 '우크라이나 민족사회' 설립을 발표하고, 러시아어를 사용하는 사람들은 모두 '우크라이나 민족사회'의 정당한 권리를 박탈당하고 시민권이나 정치상의 권리가 차별되어야 한다고 주장했다.

말할 필요도 없이 이것은 EU를 실망시키고, 푸틴을 진노하게 했다. 그뿐만이 아니라 많은 우크라이나인들의 가치관에도 마찰을 일으켰고, 차기 대통령 선거에서 극우세력은 크게 뒷걸음질 쳤다.

## 민스크 의정서 Ⅰ, Ⅱ

마이단 정변으로 친러시아파 야누코비치 정권이 무너지고 친구미파가 축배를 들고있는 중에, 러시아는 크리미아반도를 점령하고 돈바스지역의 친러시아파 무장세력에게 몰래 파병을 포함해서 본격적인 군사원조를 시작했다. 돈바스 전쟁은 치열해서 쌍방 1만 4천 명의 병사와 주민이 사망했다. 이 사건을 통해 2014년 9월 유럽안전보장협력기구(OSCE)의 협조아래 우크라이나, 러시아, 루한스크인민공화국, 그리고 도네츠크인민공화국이 돈바스 전쟁중지에 합의하고 의정서를 교환했다. 이것이 "민스크합의"다.

벨라루스 수도 민스크에서 조인되어 "민스크의정서"로 불린다. 중요한 내용은 다음 네 가지이다.

1. OSCE에 의한 즉시 정전과 중화기 철거 확인과 보증.
2. 우크라이나 헌법을 개정하여, 도네츠크주와 루한스크주의 분권 자치를 보장한다.
3. 러시아와 우크라이나의 국경에 비무장지대를 설정, OSCE의 항구적인 감시와 검증 보증.
4. 위법한 무장집단과 군사장비, 병사 및 용병을 우크라이나 영역에서 철수.

의정서 내용을 보면 알듯이, 우크라이나에게 결코 불리한 것은 아니었지만, 쌍방의 현장 전투원의 불신과 공포로 말미암아 의정서는 뭉개지고 말았다. 2015년 1월에 러시아 군사원조를 받은 친러시아파 분리주의 세력이 공격을 감행했고, 우크라이나군은 이렇다할 전과를 얻지 못했다. 2월 11일에는 다시 OSCE 감독하에 "민스크의정서 II"가 체결되었다. 이것은 독일 수상 앙겔라 메르켈과 프랑스 대통령 프랑수와 오란도가 중개하여, 우크라이나 대통령 포로셴코와 러시아 대통령 푸틴이 서명했다. 이 협정서의 목적은 앞의 협정서를 유지시키는 것이었다.

　　2016년 3월 2일 미국무성 대변인은 민스크의정서 II 서명 이후 최소 430명의 우크라이나 병사가 사망했고, 러시아는 도네츠크와 루한스크를 합하여 지휘통제망을 유지하고, 돈바스에 중화기를 공급하고 있다고 했다 (Voice of America 2016.3.2.).

　　이에 대해 3월 27일 러시아 외무성 대변인 마리아 자카로프는 "우리는 민스크 협정의 당사자가 아니다. 협정은 두 진영(우크라이나 정부군과 분리무장세력)에 위임한다"고 하면서 러시아가 군사행동의 주체라는 것을 부인했다. 이런 러시아군의 지원을 받은 분리무장세력은 도네츠크 지방의 거의 50%를 사실상 지배하고 있다. 러시아와 우크라이나의 전쟁은 2022년 2월 24일 러시아의 전면 침공으로 오늘까지 계속되고 있다.

# 6장.
## 지금 우크라이나에서 무슨 일이 벌어지는가?
### - 러시아군에 의한 전시 성폭력

　2022년 2월부터 시작된 러시아군의 우크라이나 침공으로부터 1년이 지나면서 우크라이나 시민에 대한 러시아군의 성폭력 피해가 잇따라 보고되고 있다. 성폭력은 여성의 마음과 인간성에 헤아릴 수 없는 극심한 상처를 주는 잔인한 행위다. 내가 여기서 말하려고 하는 것은 전시 성폭력이다. 내가 인도네시아의 신학교에서 가르치고 있을 때에 아내의 도움을 얻어 현지 사람들과 함께 인도네시아에서 행한 일본군의 전시성폭력에 대한 피해조사를 해서 여러 가지 잡지에 발표했다. 나는 30명이 넘는 피해자들과의 인터뷰가 아닌 교류와 대화를 통해서 그들의 고통을 깊이 알게 되었다. 거기서 내가 제일 크게 배운 것은, 이 문제는 고통을 받은 자의 시각에서만 접근할 수 있다는 단순한 원리이다.

그럼에도 이 문제가 성폭행하는 자들의 촛점에서 논평되는 것이 아주 많다는 것에 놀랐다. 2022년 3월 16일 내가 우크라이나의 뵈리니 주 루지크 교회의 피난센타에서 자원봉사자들과 커피타임을 하고 있을 때, 한 목사가 스마트 폰으로 보내진 루브리카(Rubryka)의 기사를 전해주었다. 나는 신속히 그 사이트의 영어판을 열고 읽었다. 조금 긴 내용을 그대로 적어본다.

*RUBRYKA: Ukrainian Solutions Media (16/03/2022)*
- 이 기사는 현지주민의 보고에 기초한다 -
러시아 침략자는 헤르손시(우크라이나 남부)에서 여성들을 강간하고 있다. 여자들은 집 밖으로 나오지 말 것을 요청받고 있다. 현재 헤르손시의 러시아 점령자에 의해 강간이 확인된 것만 11건이다. 카라벨 종합병원의 의사에 의하면 희생자 가운데 5명이 살아있다고 한다. 현지 주민들은 거리의 여성과 소녀들에게 집에 머물러 있으라고 전하고 있다.
이전에 보도한 바와같이, 침략사들은 3월 1일 시내에 들어오자마자 주민들의 집, 차, 거리의 사람들을 향해 발포하기 시작했다. 역과 항구를 탈취하고 현재는 지방 주정부 건물과 사스피린 지부의 땅을 점령했다. 이전 헤르손시장 이골 고리카야프는 식량과 약품을 거리에 옮겨 놓을 수 있도록 "녹색길"을 창설하려고 했다. 헤르손지역 국가관리국 국장 헨나디 우라타가 보고한 바와같이, 마치 헤르손 지역 시민 전체가 러시아에 귀속되기를 바라는 것처럼 침략자들은 거짓 정보를 퍼뜨리고 있다.

루브리카가 보도한 것처럼 3월 3일 침략자는 우크라이나 TV 방송국 전파를 차단하고, 헤르손 시를 격리시켰으며, 시민을 향해 지뢰를 매설하기 시작했다. 보도에 따르면 침략자는 내일, 러시아에 편입될 것을 바란다는 "현지주민"의 거짓 집회를 계획하고 있다.

나는 그날 밤 목사로부터, 다음 날 아침 기도회에서 5분간의 설교를 요청받았다. 내 설교 제목은 "우크라이나와 만주"였다. 그것은 전날 루브리카 보도가 야마자키 도요코(山崎豊子)의 작품 "대지의 아이들"을 생각나게 했기 때문이다. 우크라이나 여성들에 대한 러시아군의 전시 성폭력이 만주를 침공한 소비에트군이 일본 여성들에게 가한 성폭력으로 ― 일본제국 군이 만주를 침략했기 때문이지만 ― 비춰졌기 때문이다.

일본인이 우크라이나에서의 러시아군 문제를 얘기할 때, 적어도 1930년부터 1945년까지 15년간 일본군이 점령지에서 행한 강간과 강간센타(위안소) 문제를 짚어보지 않고는 말할 수 없을 것이다. 1938년 8월 4일 일본정부는 고노 요헤이(河野洋平) 관방장관(당시)의 이른바 "河野담화"에서 위안부 문제가 국가주도의 잔혹한 정책이었다는 것을 인정했다. 2000년 12월 동경에서 여성국제전범법정이 열려, 다음 해 네덜란드에서 최종판결이 났는데 쇼와 천황(昭和天皇) 히로히토(裕仁)를 포함해 9명의 정부고관에 대해 유죄판결이 내려졌다.

## 그것은 전쟁무기인가?
### - 러시아군에 의한 성폭력에 관한 고찰

앞에 말했듯이 내가 인도네시아에서 1992년부터 지금까지 많은 전시 성폭력의 피해 생존자들과 교류와 대화를 계속해 왔던 경험이 러시아 병사의 전시 성폭력문제에 주의를 기울이는 동기

왜 군사적 침공이 발생했나?

가 되었다. 나는 제2차 세계대전중의 성폭력 문제를 연구해 온 2명의 여성, 우크라이나 출신 마르다 하부리시코와 독일 출신 레기나 뮤르호이자의 대담(2022년 4월 20일, 독일 함부르크)에 주목했다(The New Fascism Syllabus, May 8, 2022). 지면 관계상 중요한 점만을 언급하겠다. 관련하여 레기나는 "전장(戰場)의 성(性) ― 독·소 전쟁시 독일병사와 여성들(히메오카 도시코, 姬岡とし子 감수, 이와나미 서점, 2022)"의 저자이다.

우크라이나 국립과학 아카데미 연구원 마르다에 의하면, 전쟁에서 성폭력은 무기로 사용되고 있다. 첫 번째, 러시아의 모든 점령지역에서 강간이 보고되고 있다. 이것은 한 병사의 개인적인 범죄로 설명할 수 없다. 두 번째, 강간사건의 대부분은 "공공강간(Public rape)"이다. 세 번째로 강간하는 병사들은 자신들의 범죄가 처벌되지 않는다고 믿어 의심치 않는데, 마루타는 러시아의 육군사령부가 그들의 행동을 용인하고 있다고 생각하기 때문이라고 한다. 그것이 사실이라면, 대일본제국에 의한 성폭력과의 유사성을 알수 있다. 다만 러시아정부는 러시아병사에 의한 강간을 공식적으로 부인하고 있다.

마르다에 의하면, 그렇게 함으로 러시아군은 우크라이나 사회에 "공포의 메시지"를 전하고, 한편 우크라이나 남성은 그들의 처, 딸, 자매, 모친을 보호할 수 없었다고 하는 메시지를 전한 것이다. 우크라이나 각지에는 이러한 조사와 관련된 여러 페미니스트 그룹이 존재하는데, 이런 그룹들의 조사관과 검찰관에 압력을 가하는 것이 가능한 메카니즘이 필요한 것이다. 전쟁이 조직적 성폭력의 온상이 되고 있다면, 국제사회는 전쟁을 위법화하는 체계를 구축, 강화해야만 한다.

## 전시 성폭력과 '기억' 계승

러시아군의 성폭력 본질에 깊이 들어가는 대담에서, 마르다는 '전쟁무기로써의 성폭력'에 대해서 말했다. 이 개념에 대해 레기나는 "많은 병사가 상관의 눈을 피해 단순히 자기 욕망의 대상으로써 여자들을 잡아 취하는 것을 발견하기는 어렵다."고 비판했으나, 구조적인 성폭력과 밤에 숙소를 벗어나 여자를 잡아 강간하는 병사의 만행을 뚜렷하게 구분할 수는 없다. 상관 눈을 피하는 것이나, 군조직의 구조적 성폭력은 모두 "전쟁 무기로서의 성폭력"이다.

레기나는 "기억은 고정되지 않는다"고 말한다. 일반적으로는 확실히 그렇다. 그러나 나는 기억이 과거를 향해 그대로 고정화된 사람들을 많이 보아왔다. 그런 기억은 창조성을 잃고 자기만이 아닌 다른 사람에게도 정치적 현상을 추인(追認)시켜, 사회와 정치의 반동(反動)화에 무관심한 의식을 만들어 내는 것이다. 과거를 향해 고정화된 모든 기억은 그 사람의 모든 행동을 지배하고, 그로부터 자유를 박탈한다.

이에 비해, 기술(記述)과 기억의 공동체(예를 들어, 인도네시아에 있는 "일본군 성폭력 피해자를 위한 생활협동조합")의 경우, 기억이 미래를 위해 열려 있을 때, 기억은 계승이 가능하고 생존자들의 사망후에도 역사의 폐쇄현상을 깨뜨리는 힘이 된다. 사람은 누구든 기억을 떠나서, 기억 없이 살아갈 수는 없다.

마루타와 레기나의 대화에 등장하는 생존자들도 자기들의

비참한 경험의 기억과 계속 대화를 하면서 인생을 살아가야만 하는 숙명을 안고 있다. 그럼에도 사람은 자기 혼자 기억을 계속 가지고 있는 것은 곤란하다. 기억은 다만 그 과거를 함께 경험한 사람들의 기억공동체로 계속되어야 한다. 그럼으로써 그 기억을 추가로 체험하는 사람들의 상상공동체로 지속되고 새로워지는 것이다. 이러한 기술(記述)과 기억은 사람들로 하여금 미래를 향한 역사를 창조하는 주체가 되게 한다.

2부
평화롭게 사는 길과
"국가안전보장"

# 1장.
## 일본국 헌법에 있는 평화에 대해서

> 놀랍게도 숲 가운데 빈 땅이 있었다
> 그것은 길을 잃은 자들만이 찾아낼 수 있는
> 무성한 나무들에 감춰진 공터…… 였다.

위 시는 토마스 트란스트뢰머(Tomas Gösta Tranströmer, 1931~2015, 스웨덴 노벨문학상 시인)의 "빈 땅(공터)"이라는 시다. "길을 잃은 자들만이 찾아낼 수 있는" 진실은 얼마나 은혜가 넘치는 시인가. 이 나라는 길을 잃은 지 오래됐다. 그래도 길을 잃은 나라이기 때문에 찾아낼 수 있는 '명(命, 평화로 사는 길)'이라는 게 있는 것이다.

일본 헌법의 "평화적생존권"에는 들어가는 문이 있다. 그것은 문자 그대로 "시작의 문, 서구(序の口)"를 말하며, 진정한 시야(Perspective)를 얻기 위한 문이다. 이 문을 통하지 않고 벽을 넘어 들어가는 자들은 강도며 도둑이다. 그것은 대일본제국이 범한 세개의 큰 죄를 마주 대하기 위한 문이다 ─ 이 시점에서 우리는 미군이 범한 큰 죄에 대해서는 말하지 않는다. 왜냐하면 사람은 우선 자기의 가해 기억에 마주해서 비로소 "인간"이 되기 때문이다.

첫 번째는 일본제국의 범죄에 직간접으로 손을 댄 사람들의 죄, 두 번째는 그 범죄를 가능하게 한 정치체제의 악이다. 그리고 세 번째는 그 전쟁 책임을 봉인하고 망각한 우리 전후세대의 "가해의 기억"이다. 오해가 없도록 미리 말해 둔다. 인생에는 "져야만 하는 책임"과 지고 싶어도 "질 수 없는 책임"이 있다. 그래서 나는 여기서 두 개의 과오에 성실하게 "마주하는" 전후세대의 과제를 문제 삼은 것이다.

지금 우리가 직면하고 있는 문제는, 구체제의 아시아침략을 "성전(聖戰)"이라고 고정화시킨 과거의 기억이다. 후회를 동반하지 않는 기억은 그 사람의 모든 행동을 지배하고, 자유를 박탈한다.

나는 신학자이고 헌법학자는 아니므로 헌법 해석을 깊이 할 생각은 없다. 그럼에도 이 "마주대함"을 피하면서, 가해의 자각이 없는 설명은 어떤 헌법론이라도 나는 부정한다. ― 그것이 보수적이든 진보적이든, 이것은 나의 신학적 출발점이다.

일본헌법은 "정의와 질서를 기조로 하는 국제평화를 성실히 추구하고, 국권이 발동된 전쟁과, 무력에 의한 위협 또는 무력행사는, 국제분쟁을 해결하는 수단으로써는 영구적으로 그것을 포기한다 (제9조 제1항)"고 선언한다. 일본국민은 전쟁의 길을 "단념"했다는 것이다. 여기서 말하는 "단념"은 시베리아의 강제수용소에서 8년간 복역한 시인 이시하라 요시로우(石原吉郎)가 학습한 말이다. 그는 말한다.

"단념이란, 아주 명확한 행위라는 것과 함께, 행위 그 자체를 포기한다는 의미다. 내가 '단념 그것'이라는 말로 생각하는 것은, 말하자면 그러한 포기의 모습인 것이며…… 단념이란 어떤 국면에 몰렸을 때, 사람이 강요당하는 결단과 비슷한 행위라기 보다는, 오히려 인간이 살아가는 데에서의 기본적인 자세가 아니겠는가" (이시하라 요시로우, 石原吉郎, "단념의 바다에서", 일본기독교단출판국, 1976).

"전쟁포기"는 강요당한 협박관념이 아니라 "인간이 살아가는 데 기본적인 자세"이고, 일본제국주의의 군화발에 짓밟혔던 사람들이 소리쳐 원하는 보편적인 법이다. 이것은 일본뿐만 아니라 세계 나라들이 지향해야 하는 도덕적 표준이다. 그래서 일본 국민은 "정부의 행위로 말미암아 다시 전쟁의 참화가 일어나지 않게 되기를 결의(헌법전문)"한 것이다.

그래서 우선 여기서는 일본국헌법이 "상정하지 않는 평화" 네가지, "상정하는 평화" 다섯가지를 논해 본다. 부족한 내용이기에 독자들의 의견과 비판을 환영하는 바이다.

일본국헌법은 "평화는 무엇인가"라는 철학적 규정을 위한 문서는 아니다. 그럼에도 이 헌법을 쓴 사람들은 당연히 법학적으로 평화를 규정하고 있다. 여기서 나의 임무는 헌법의 법학적 평화가 의거하는 철학을 탐구하는 것이다. 바꿔 말하면 그들의 평화는 어떤 철학적 의미가 있는가를 탐구하는 것이 이 장의 목적이다. 우선 "상정하지 않는 평화"에 대해서 생각한다.

## 일본국헌법이 상정하지 않는 평화

### 1. 무장에 의한 평화

1947년에 제정된 평화헌법은 영토권을 기본원리로 하는 근대국가의 방위원리가 이미 통용되지 않는다는 것을 세상에서 선구적으로 인식한 법이라고 할 수 있다. 그것은 21세기 세계의 군사적 폐쇄성(閉塞)을 정확히 간파하고 그 법적 해결의 길을 우리에게 제시해 주고 있다. 정치학자 미야타 미츠오(宮田光雄)은 "장거리 미사일과 핵탄두는 전쟁이 발효되었을 경우……국경의 불침투성과 영토의 불가침성이라는 공간적 전제는, 그 성립근거를 잃고……미사일 방위시스템이 존재할지라도 실제로 보장할 수는 없다"고 지적한다.("산상설교로 본 헌법9조 평화구축 그리스도교 윤리론" 신교출판사, 2017).

따라서 냉정하게 생각해 보면, 작은 평야지역에 과밀한 인구와 식량 자급율 38% 선진국가운데 최저 수준이고, 동해안에 나란히 원자력발전소를 갖고 있는 일본이라는 지정학적 특성은, 통상 무기에 의한 공격에 대해서조차 실제적으로 취약한 나라라는 것을 보여 주고 있다. 따라서 무장은 국민의 일시적인 위안에 불과한 것이다.

### 2. 군사동맹에 의한 평화

집단적 자위권을 긍정하는 학자들은 UN헌장 51조를 인용한다. 이것은 회원국의 집단자위권의 행사를 인정하는 국제법이고, 다음과 같이 규정되어 있다.
"UN회원국에 대해 무력공격이 발생한 경우 안전보장이사회가 국제평화나 안전 유지에 필요한 조치를 취할 때까지 개별적 혹은 집단적 자위의 고유 권리를 막지 않는다."

구체적으로 말하면, 중국과 대만 사이에 전쟁이 발생해, 미국과 중국의 전쟁이 일어나게 되었을 때, 일본은 자국이 공격받지 않음에도 동맹국인 미국을 위해 중국을 공격할 수 있다는 국제법이다. 2022년 12월 각의에서 결정한 안보 3문서에는 "우리나라에 대한……무력공격을 막기 위해 부득이 필요 최소한의 자위조치로 상대 영역에 대해 우리나라가 유효한 공격을 가할 수 있다"고 되어 있다. 공격 대상이 적기지가 아닌 상대 영역으로 되어 있어서 전면전쟁이 가능하다는 문장이다.

집단적 자위권을 긍정하기 위해 이런 비도덕적인 문구가 있는 UN헌장 51조에 이의를 제기하지 않는 학자나 정치인들은 도덕적으로 파탄 상태라고 말하지 않을 수 없다. 일본국헌법은 이러한 군사동맹에 의한 평화를 상정하지 않는다.

### 3. 단지 분쟁이 없는 소극적 평화

분쟁지역에 사는 사람들에게 "분쟁이 없는 상태"는 가치있는 평화임에 틀림이 없다. 그러나 평화학자들은 이것을 소극적 평화라고 한다. 국가나 국민사이에 다만 폭력이나 전쟁이 없는 상태를 평화라고 한다면, 이것은 침략자가 왔을 때 백기를 들기만 하면 된다는 말이 된다. 이것은 침략자에게 아주 좋은 평화가 된다.

평화학자 요한 갈퉁은 이에 대해서 적극적 평화를 말하는데, 이것은 신뢰 혹은 협조가 있는 상태를 말한다. 일본 정부에 대한 갈퉁의 비판은 엄격하지만 핵심을 찌르고 있다 (요한갈퉁, "일본인을 위한 평화론" 미타치 에이지(御立英史)역, 다이아몬드출판사, 2017). 즉, 일본은 1945년 8월 15일 이후 지금까지도 계속 미국에 점령당하고 있고, 점령은 일본인 마음 깊숙한 곳에까지 침투하여 식민지 수준에 이르고 있다. 이는 소극적 평화상태에서 빠져나오지 못하는 한, 일본은 독자적으로 동아시아의 평화에 공헌할 수 없다고 비판하는 것이다. 분쟁이 없는 상태의 평화는 구조적으로 정의롭지 못한 질서에 의한 위장을 의미한다. 일본국헌법은 이러한 소극적평화를 구상하고 있지 않다.

### 4. 무저항주의에 의한 평화

일본에서는 무저항주의(non-resistance)와 비폭력저항(nonviolence)이 혼동되어 오해되고 있다. 비폭력저항은 사회적 부정이나 억압적 정부에 대해 비폭력적 수단으로 저항하는 삶의 방식이다. 간디, 마틴루터킹, 진 샤프, 미야타 미츠오(宮田光雄)등이 제창자, 실천인이다. 이에 대해 러시아의 문호이며 종교가인 톨스토이가 제창한 무저항주의의 목적은 비폭력저항과 겹치는 부분이 있지만, 큰 차이가 있다. 무저항주의라 해도 여러 가지 이해가 있지만 여기서 그 문제를 다루지는 않는다.

양자가 주는 혼동의 오해는 오래전부터 있었는데, 그것은 신약성서 마태복음 5장 39절 예수의 말에 대한 해석에서 시작된다. "그러나 나는 이렇게 말한다. 앙갚음하지 마라. 누가 오른뺨을 치거든 왼뺨마저 돌려대라." (성서협회공동번역)

권력자들은 이 번역을 민중에 대한 무저항주의의 가르침이라고 했다. 본래 이 구절은 같은 신약성서 데살로니가 전서 5장 15절, 또는 베드로전서 3장 9절을 참고로 "누구든지 악을 악으로 갚지 마라"로 번역하면 좋다고 생각한다. (Glen H. Stassen and David P. Gushee, *Kingdom Ethics: Following Jesus in Contemporary Context*, IVP Academic 2003).

후반부의 유명한 설교는 "누가 네 오른쪽 뺨을 때려도 좌절하지 말아라, 왼뺨도 맞을 생각을 하면서 선으로 저항하라"는 의미의 비폭력저항의 가르침으로 이해한다. 역사적 레지스탕스 운동이 부족한 이 섬나라 사람들은, 영혼마저 지연, 학연, 회사연으로 묶여있는 상태에서 무저항의 평화가운데 빠져있기 쉽다. 그러나 그것은 일본헌법이 규정하는 평화와는 무관한 것이다.

## 일본헌법이 상정하는 평화

### 1. 신뢰를 기초한 평화

"일본국민"은 우선 "항구적 평화를 염원하고, 인간 상호관계를 지배하는 숭고한 이상을 깊이 자각함으로, 평화를 사랑하는 모든 국민의 공정과 신의를 신뢰하고 우리들의 안전과 생존을 확보, 유지하려고 결의했다".

평화롭게 사는 길과 "국가안전보장"

여기서 말하는 신뢰란, 개인이건 국가든 자신들 주권의 일부를 상대에게 신탁하는 것으로부터 시작되는 신뢰양성의 행위이다. 일본헌법은 "이러한 인류 보편의 원리에 기초해서"(전문) 구상되고 있다.

넓은 의미로 상대에 대한 "적의"와 "불신"도 자기 주권의 일부다. 이쪽에서 "적의"와 "불신"을 상대에게 양보하면 더한층 평화의 선택지는 당연히 커지는 것이다. 그것이 "평화를 사랑하는 모든 국민의 공정과 신의를 신뢰하고"의 의미가 아니겠는가. 더구나 이 문장은 신중한 말을 사용하고 있다. 이 세계에는 나와 당신을 포함해 "평화를 사랑하지 않는 국민"이 존재한다는 뜻이 함축되어 있다. 따라서 국제관계에서는 신뢰양성과 신뢰구축을 위한 국제정치, 외교가 정부에 요청되는 것이다.

## 2. 목적으로서의 평화

일본헌법은 "이상과 목적의 달성을 추구함"을 삶의 방식으로 국민에게 요구하고 있고, 국민에 의해 신탁받은 정부가 이루어야만 하는 공적 목적이다. 그 이상과 목적은 전 세계인이 "전제와 복종, 압박과 편협함"에서 해방되고 "공포와 결핍으로부터"의 자유를 협력해서 달성하는 것이며, 인간이 공정과 신의를 기초로 한 평화 가운데 공존하는 세계를 실현하는 것이다.

이것은 사람들의 기본적 인권이고, 곧 여기에 국민에 의해 조직된 정부의 존재 이유가 있다. 정부는 어떤 경우에도 타국민의 희생 위에 자국민의 "평화로운 삶"의 권리가 지켜지는 것을 허용할 수 없다. 왜냐하면 일본헌법이 보장하는 인간의 "평화롭게 살 권리"는 타국민의 그것과 분리되어 존재할 수 없기 때문이다.

## 3. 군사력에 의존하지 않는 평화

이것은 군사력과 군사동맹에 의존하지 않는 수단으로 달성하려는 평화다. 국민은 평화라는 목적을 폭력적 수단이 아닌 비폭력적 수단으로 추구하는 것을 의미한다. 침략자는 외국에서 침입하는 것만은 아니다. 국내 권력자 일부가 헌법을 자기 멋대로 해석하거나 정지시킴으로 국민의 의식을 전쟁모드로 지배하려 할 경우, 국민은 비종속적, 비폭력적, 비무장적 전략을 우선적으로 구상해서 대항한다는 입장이다. 즉 이 헌법이 구상하는 평화의 세 번째 의미는 민중의 힘에 의한 방위며 군사력에 의지하지 않는 사회를 지향하는 평화를 말한다.

### 4. 권력의 원천인 민중에 의한 평화

민중의 지지를 잃은 권력은 타락하여, 그 자체의 무게로 인해 와해된다 (La Boétie, Gene Sharp). 왜냐하면 권력의 원천은 민중에게 있기 때문이다. 역사적 권력에 대해 헌법전문은 다음과 같이 규정하고 있다.

"무릇 국정은 국민의 엄숙한 신탁에 의한 것으로 그 권위는 국민으로부터 비롯되고, 그 권력은 국민의 대표자가 행사하고, 그 복리는 국민이 누린다. 이것은 인류 보편적인 원리로 이 헌법은 이러한 원리를 기초로 한다. 우리는 여기에 반하는 일체의 헌법, 법령 내지는 조칙을 배제한다."

민중은 평화를 만드는 주체이지 객체가 아니다. 따라서 주권자로서 민중에게 어울리는 삶의 방식이 요청된다. 그래서 민중은 주권자의 무게를 견디기 위한 힘과 지혜를 지녀야 한다. 한편 권력의 원천을 잊고 배반하거나 하는 국가는 언제나 타락한다. 따라서 "민중에 의한 평화"는 무겁게 부담되는 정부와의 긴장관계 가운데 늘 존재한다는 것을 잊어서는 안된다.

### 5. 역사의 도상에서 늘 미완성인 평화

계절이 순환하는 것처럼 역사적 시간을 시작도 끝도 없이 회전하는 비유로 이해하는 사람들이 많은 한편, 시작과 끝이 있는 직선으로로 이해하는 사람도 많다 (오오기 히데오, 大木英夫 "종말론" 기이국우신서, 1972년).

그런데 일본헌법이 의거하는 시간관념은 조금 다른 것

같다. 나로서는 그것은 둥근고리 위에 정, 반, 합의 변증법적인 대립과 종합을 복잡하게 반복하면서 — 그렇다고 해서 거기에서 역사법칙을 찾아낼 수는 없지만 — 완성(종말)을 향하여 가는 스프링나사의 나선형으로 이해하는 것이 적절하다고 생각한다.

종말은 그리스어로 "에스카톤"이라 한다. 그것은 단순한 사물의 결말이 아니고, 역사의 의의나 세계의 목적을 포함한 역사의 목적에 대한 "신뢰"이다. 예를들어 마라톤 선수에게 목표(goal)가 약속되어 있는 것처럼 역사적 목표로써의 평화는 '아직' 완성되지는 않았지만 '이미' 약속되어 있다. 그래서 사람은 목표를 바라보고 달릴 수 있는 것이다. 목표가 약속되어 있지 않은 마라톤에는 아무도 참가하지 않을 것이다.

그러나 마라톤의 목표와 역사의 종말론에는 결정적인 차이가 있다. 마라톤의 목표는 고정화되어 있지만 역사의 종말론적 목표로서의 평화는 고정화되어 있지 않다. 그것은 늘 미완으로 계속된다. 또한 미완에 견디는 힘을 사람들에게 준다. 그것은 희망으로써의 종말론적 평화다. 그러므로 인간은 평화를 주체적으로 또한 차분히 추구해 나아갈 수 있는 것이다.

이것은 역사에 대해 신실한 문제만이 아니라 한 인간으로서의 신실함이기도 하다. 사람은 이러한 종말론적 삶의 자세를 몸에 지니지 않으면 배타성과 폭력성에 휘둘려 열광적 민족주의에 빠지든지 그렇지 않으면 모든 것을 포기하는 무관심과 허무주의로 흐르게 된다. 종말은 인간이 이 세상을 살아가는 존재 이유를 주고, 미래 방향을 제시하며, 지금 우리가 여기서 무엇을 해야만 하는 가를 가르쳐주는 이정표인 것이다.
　그런 의미에서 일본헌법은 "도상의 평화"를 상정하는 것이지 "완성체로서의 평화"를 상정하는 것은 아니다.

## 종교적 가치관과 그 보편적 언어로서의 인권

　이렇게 보면 일본헌법의 근저에서 유대 그리스도교적 종말론을 간파할 수가 있다. 그것은 백합화의 뿌리는 지하에 내려 있기에, 지표에 쓰여져 있는 조문으로부터 식섭적으로 간피할 수는 없다. 이렇게 말하면 당연히 반론이 제기될 것이다. 반론은,

"인권의 개념은 그리스도교의 산물도 아닐 뿐 아니라, 어떤 종교의 산물도 아니다"(미야자와 도시요시,宮沢畯義)라는 정교분리론으로부터의 정론이다. 왜냐하면 헌법이 특정 종교를 기초로 한다면 타종교나 무신론자들에 대한 타당성을 잃는 것은 지극히 당연하기 때문이다.

그런데 미야자와 도시요시(宮沢畯義)는 같은 곳에서 "프로테스탄트 사상이 인권사상 추진에 상당히 공헌했다는 것은 명백한 역사적 사실이다"라고 말하고 있다 (宮沢畯義 "헌법 II" 법률학전집 4권, 유비각, 1971). 덧붙여 말하면, 프로테스탄트 사상을 이렇게까지 말하는 것은 근대 계몽주의에 영향받은 해석이라고 생각된다. 확실히 "프로테스탄트 사상이 인권개념을 넓혔다"라는 이해는 옳다고 하더라도, 宮沢의 말을 무조건 찬성할 수는 없다. 왜냐하면 종교개혁과 르네상스로 꽃을 피웠던 인권사상은 중세 가톨릭교회가 준비한 모판에서 숙성한 과실을 개신교 교회가 땄기 때문이다(Louis Dumont "개인주의 논고 근대이데올로기에 대한 인류학적 전망" 언총사, 1993).

어쨌든 미야자와(宮沢)의 두 언설은 한편 모순되는 것처럼 들릴 수 있으나 앞에서 말한 백합화의 뿌리 비유처럼 합리성을 갖고 있다. 그리스도교가 인간의 생명을 Imago Dei (신의 형상)로 포착하고 그 신학사상을 뿌리로 하였고, 거기로부터 역사의 지표 위에 싹이 돋아난 인권사상은 이제는 종교적이 아닌 보편적 개념인 것이다. 그래도 기억해 두어야 할 것은 뿌리로부터 단절된 백합화는 고갈된다는 것이다.

종교적 뿌리를 갖는 가치관과 그 "보편적인 언어"와의 관계에 대해서 헌법학자인 사이토 사유리(齊藤小百合)는 설득력 있게 말한다. "특정 종교적 뿌리를 갖는 가치관에 있어서, 그 신앙을 갖지 않는 사람도 이해할 수 있는 합리성을 갖고 있다면 그것을 배제할 이유는 없다. 다시 말하면, 그 가치관이 선택 가능한 보편성을 갖고 있는가 아닌가에 달려 있다"(齊藤小百合 "버려진 사람들의 헌법" 생명의말씀사, 2019).

이것은 이 책의 문맥에 따라 무엇을 의미하는가 하면 ― 국가 권력이 민중을 지배할 때 그 도구로 하는 정부허가(官許) 그리스도교, 정부허가 불교, 정부허가 신도(국가신도)등의 컬트종교와 반종교적 유물론, 국가자본주의, 국가사회주의등의 경제집단은

논외로 하고 ─ 대화에 열려있는 불교, 신도, 그리스도교등의 종교적인 뿌리를 갖는 가치관이라도, 그것이 보편적 언어로 설명되고, 글로벌한 정의나 평화적생존권을 심화시키는 일에 공헌하는 것이 되어야 한다는 것이다.

이렇게 이해하면, 일본헌법의 현실성과 유효성은 충분히 깊게 인식할 수 있게 된다. 종말론적인 정의와 평화는 역사의 종말(완성)에 성취되는 미완의 정의와 평화라는 것이다. 인간은 그 도상에서 언제나 상대적인 평화의 현실에 만족해야만 한다.

따라서 이 정의와 평화에서 종말론을 제거하고 자기 나름의 정의에 기초한 절대적인 평화에 도취해 빠진다면, 제2의 히틀러나 스탈린 혹은 천황제 파시즘의 등장을 대망하게 될지도 모르는 것이다. 그래서 종말론적인 평화는 우리가 열광주의로 전락하는 것을 막고, 어떤 경우에도 미완의 평화에 머물면서 항상 개혁되는 평화를 계속 추구하는 것이다.

# 2장.
## 평화헌법 9조의 위기와 회생

　주권재민을 원칙으로 하는 근대 국민국가에서 "안전보장"은 무엇을 의미하는 것인가? 일반적으로는 다른 나라의 공격으로부터 자국의 영토를 보호하고 정치적 독립을 수호하는 것으로, 국민의 생명과 재산을 보전한다는 "국가안전보장"(National Security)을 의미했다. 그 "방위와 보전"의 주역이 군사조직으로 계속되어 왔다.

　그런데 20세기가 되면서 자유주의(리버럴리즘)을 경험한 구미제국의 한복판에서 파시즘과 공산주의가 대두하여, 리버럴리즘 체제에 대립하는 문명적 반역이 시도되었다. 동양에서 그 주역을 한 것은 말할 것도 없이 천황제 민족주의, 나아가 천황제 파시즘의 대일본제국이었다. 군사력에 의한 평화확보가 한계를 들어내는 사태가 세계 여기저기서 일어났다. 글로벌한 상호 의존관계가 깊어짐을 배경으로 국가적 이익의 충돌, 남북의 경제격차, 생태환경의 파괴, 지하자원, 식료품, 음료수의 확보를 둘러싸고 여기저기서 분쟁이 발생하게 되었다.

나아가 1989년 소비에트 연방 붕괴가 실마리가 된 동서냉전의 와해와 함께 테러리즘, 국제 조직범죄, 감염증 등의 위협에 대해 개인의 평화로운 생존권을 추구하는 "인간의 안전보장"이 비군사적인 방법으로 강구되었다. 21세기가 되면서 전쟁의 유인으로서의 종교지정학적인 상극이 주목되게 되었다 (Samuel Phillips Huntington "문명의 충돌" 집양사, 1998).

● **안전보장이란 무엇인가**

영어 Security (안전보장)은 ―동사는 secure ―원래 인간 삶의 모든 영역에서 진정으로 바람직한 상태를 의미하는 포괄적인 개념이다. 이것을 현대적으로 표현하면, 공포와 결핍으로부터의 자유, 평화를 만드는 정의, 타자에 대한 신뢰, 신과 인간을 사랑하는 것 등이 포괄적으로 확립된 상태를 의미한다. 그런데 인간집단의 분쟁역사 과정에서 이 포괄성이 삭제되고 적을 폭력으로 억압하는 것이 안전이 보장되는 상태를 의미하는 것처럼 되었다. 군사력에 의한 국가안전보장(national security)이라는 일종의 망상이 사이비 컬트국가같은 양상으로 나타나며 전세계에 확산되고 있다.

"안전"이라는 생각이 바로 세계분쟁의 원인이라고 생각한 사람이 신학자 본회퍼(Dietrich Bonhoeffer, 1906~1945)였다. 세계가 안전을 끌어들이기 위해 "정치적 조약" "국제자본 투자" "대형은행과 자본력의 육성" "군비증강"등을 추구하기 바쁜 가운데, 본회퍼는 "이런 모든 것으로 평화는 오지 않는다"고 했다.

*"그 이유중의 하나는 이런 모든 것을 통해서 평화와 안전이 혼동되고 오해되기 때문이다. 안전한 길을 통해 평화에 이르는 길은 없다. 왜냐하면 평화는 감히 하지 않으면 안되는 것이고, 그것은 하나의 위대한 모험이기 때문이다. 그것은 결코 안전보장의*

*길이 아니다. 평화는 안전보장의 반대다. 안전을 구하는 것은 상대를 불신하는 것이다. 그래서 이 불신이 다시 전쟁을 일으키는 것이다."("본회퍼선집 6권, 고백교회와세계교회" 신교출판사, 1965).*

국가와 개인이 안전을 추구하는 것은 자기 자신을 지키지 않으면 안되기 때문이다. 거기에 자기 자신의 안전을 위협하는 적의 존재가 상정되어 있다. 적의 존재를 상정하면 자신의 내면에 적의 실체가 구성된다. 세계사는 그 실례로 넘친다.

## 국가가 국가이기를 멈추는 때

길을 잠시 돌아가는 것 같지만, 그것을 종교지정학적으로 해석해 보자. 때는 14세기 초(1302년) 로마에서의 일이다. 당시 로마 교황 보니페데우스 8세는 "교회밖에 구원이 없다"(extra ecclesiam nulla salus) 는 유명한 회칙을 공포했다. 이 설교는 3세기 카르타고의 주교 키프리아누스 (3세기초~258)가 말하기 시작한 가르침이라고 알려진다. 보니페데우스 8세는 그것을 카토릭교회의 교리로까지 격상시켰다.

"세계에는 오직 하나의 교회밖에 없다. 그것은 로마 카토릭교회다. 이 교회 밖에서는 죄를 용서함, 곧 구원은 없다. 마치 대홍수 때 방주가 1척밖에 없었던 것과 같다. 그때 방주 밖의 사람들은 모두 멸망했다. 따라서 로마 교황에 종속된다는 말은 모든 사람의 구원에 있어서 절대적으로 필요한 것이다."

로마 카토릭교회의 명예를 위해 첨가하자면, 현대 로마 카토릭교회는 교황 요한23세 때 열린 제2차 바티칸공의회(1962~1965)에서 이 설교를 취소했다.

지금 이 설교를 읽는 많은 사람들은 "중세 유럽 사람들은 참으로 어리석었다?"는 생각을 할 것이다. 그러나 이 어리석음은 그대로 현대 많은 일본인에게 해당된다. 왜냐하면 지금 일본국민의 80% 정도가 "미국 핵우산 밖에는 구원이 없다"는 일본정부의 교안을 믿어 의심치 않기 때문이다.

매년 모스크바, 평양, 북경에서 대륙간탄도미사일을 대두

시켜 진행되는 군사퍼레이드는 현대의 "바보신예찬"(에라스무스) 밖에 되지 않는다. 나는 이 "핵우산 밖에는 구원이 없다"를 믿는 핵국가를 "유사컬트국가"라고 부른다 (기무라고이치 "일본 사회에 스며드는 집단증후군" 주간금요일, 1995년 5월 26일편). 즉, 그 의미는 국가가 국가 이하의 것으로 몰락하거나, 국가 이상의 것으로 상승하든지 국가가 국가이기를 그만두고 사이비 종교기관으로 변질되고 있는 상태를 지적하는 것이다.

## 핵없는 세상의 실현?

2023년 5월 20일 히로시마 G7 정상회담에서 기시다총리는 새삼스럽게 "핵없는 세상 실현"을 강조하고 핵군축의 의욕을 표시했다. 기시다가 핵없는 세상을 바라고 있다는 것은 확실하다고 나는 생각한다. 그러나 그것은 어쩌면 실현 불가능하다는 것에 대하여, 정치와 끊을 수 없는 수동적인 기대에 불과한 것이다. 그 증거로, 2016년 10월 28일 당시 기시다 외상은 UN총회 제1위원회의 핵무기금지조약의 결의에 러시아, 미국, 영국, 프랑스와 함께 반대표를 던진 주역 중의 하나이다.

또한 일본은 한편으로 미국의 핵우산 아래 몸을 기대면서 "핵무기는 방위목적으로 그 역할을 하고, 침략을 억제하며 전쟁을 방지한다"고 핵의 억지력을 긍정하고, 스스로 안전보장 정책을 핵 억지력에 의존하고 있다. 이런 모순에 대해 일본정부는 책임있게 설명을 다하지 못하고 있다.

애초에 이런 모순을 해소하려면 세 가지 방법밖에 없다. 첫째, 스스로 핵병기를 소유함으로 미국의 핵우산을 벗어버리는 것이다. 둘째는, 미국의 핵 공유체제를 받아들여 미국 핵병기를 일본 영내에 배치하는 것. 마지막은 환상으로써의 핵억지력을 부정하고, 미국의 핵우산을 벗고, "핵없는 세상의 실현"에 성실하게 맞붙는 길이다. 나는 이 마지막 길이 보다 더 현실적으로 유효한 정책이라고 확신한다. 이 확신의 내용에 대해서 계속해서 얘기해 보겠다.

● **안전보장의 딜레마**

총리에게는 "핵무기는 방위목적으로 그 역할을 하고, 침략을 억제하며 전쟁을 방지한다"고 하는 핵억지력 가설과, 핵없는 세상의 실현과는 아무 모순이 되지 않는다. 왜냐하면, 둘 사이의 모순을 모순으로 보지 않기 때문이다.

## 일본정부가 안고있는 모순

다시 말하면, "일본이 유일한 피폭국으로써 손에 들고 있는 '전가의 보도(傳家之寶)'라고 할 수 있는 도덕적 권위를 최대한 활용해서 보유국과 비보유국 사이에 주선을 통해 국제적인 핵 군축의 길을 개척해 나간다"(기시다 후미오,岸田文雄, "핵무기없는 세상으로 · 용기있는 평화 국가의 뜻" 일경BP, 2020)고 하는 마음으로 해소할 수 있다고 믿고 있기 때문이다. 이런 입장을 일본인뿐 아니라 외국인에까지 설명한다는 것은 아주 어려운 일이라는 것을 총리 본인도 충분히 숙지하고 있다. "육해공 외 전력과 교전권"을 부인한 헌법 9조를 알맹이를 빼버릴 때까지, 세계 최대의 군사비 지출을 실행하는 것에 국민이 의심하지 않게 하기 위해서는, "핵 없는 세상의 실현"이라는 화포가 어떠하든지 필요한 것이다.

이 말의 이면에, 총리가 "핵 없는 세상의 실현"에 열심히 하지 않은 다음 세 가지 사실로부터 명확해진다. 첫째는, 제1회 핵무기금지조약 서명국회의(2022년 6월)에 출석하지 않았다. 이래서는 "보유국과 비보유국 사이의 중재" 역할 등을 할 수 없다. 관련해서, 같은 입장인 독일은 옵서버로 참석했다. 두 번째는, 이미 말한 바와같이 "핵억지력"의 효과를 긍정하는 일본 정부가 "핵 없는 세상의 실현" 등을 정책화할 리가 없다는 것이다. 세 번째는, 일본 정부가 "핵 없는 세상의 실현"이라는 미명의 커튼을 치고 앞으로 5년간 43조 엔이라는 세계 최대급의 군사비를 민중의 눈으로부터 가리려고 하고 있다는 것이다.

러시아의 우크라이나 침공이 일어나고, 기시다 총리는 "무력에 의한 일방적인 국경의 현상태 변경은 인정할 수 없다"고 반복해서 말했다. 이것은 일본국 헌법 9조 제1항의 규정 바로 그것이다. 즉, "무력에 의한 위협 또는 무력의 행사는 국제분쟁을 해결하는 수단으로는 영구적으로 포기한다."

그런데 주지하다시피 기시다 총리는 개헌으로 이 조항을 없애 버리려고 한다. 중국과 러시아 지도자들뿐만 아니라 서방 지도자들도 기시다 발언의 모순을 당연히 간파하고 있다. 그럼에도 그 모순을 지적하는 서방 지도자들은 없다. 이래서는 일본 정부와 국민과의 관계조차 발전되기는 어려운 것이다.

패권국가의 전쟁은 대부분의 경우 "자유와 해방"을 구실로 행해진다. 청일전쟁, 러일전쟁도 "동양평화를 위해서"라면서 일으켰다. 대동아전쟁은 대동아공영을 슬로건으로 일으켰다. 이번 러시아의 특별군사작전도 "돈바스지역의 러시아계 주민을 우크라이나의 친나치에 의한 박해와 살해로부터 구출하기 위해"라면서 우크라이나를 침공한 것이다.

그럼에도 앞서 본회퍼에 의해 지적된 "안전" 신화와는 별도의 의미로, 우리는 비군사적인 방법으로 안전보장을 추구하는 길이 여러 가지 있다는 것을 알아야 한다. 세계사에는 그러한 실례와 힌트로 가득 차 있다는 것을 네덜란드 출신 저널리스트 루토가

부레구만은 "희망의 역사, 인류가 선한 미래를 만들기 위한 18장" (상,하) (문예춘추, 2021)에서 아주 잘 논증하고 있다.

거기서 나는 안전보장의 전통적인 세계의 이론, 곧 1.억지전략 2. 영토방위 3. 전수방위에 대해 생각해 보고자 한다.

## 억지전략이란 무엇인가?

억지력(deterrent force)은 적국을 두렵게 만들어서 공격을 만류하는 것이다. 그 경우 억지하는 측은 공수를 포함한 전술로서 상대국의 공격기획을 포기시키는 전략이다. 따라서 억지는 본질적으로 위협과 폭력에 의존하는 국가행위로서 "전세계 국민이 심각한 공포와 결핍으로부터 벗어나기"를 선언하는 헌법을 가진 국민이 할 행위는 아니다. 위협받고 팔을 비틀린 적국민은 반드시 복수의 때를 기다린다. 그러므로 억지전략은 상대의 억지를 보장할 수 없는 사례가 넘쳐난다.

그런데 여기에 큰 문제가 숨겨져 있다. 즉, 억지 대 억지 정책은 양자에게 있어서 안전보장에 도움이 되지 않을 뿐 아니라 멈출 수 없는 군비확장 경쟁을 촉발하는 온상으로써의 기능을 한다. 따라서 베개를 높이고 편안히 잠들 수 없는 정부와 국민은, 억지 정책의 실패로부터 공격적인 방위 정책으로 한층 더 안전보장의 딜레마에 빠지게 되는 것이다. 바야흐로 현재 일본이 그 딜레마에 빠져있는 것이다.

## 영토방위란 무엇인가?

방위는 고전적인 정의로 보면, 공격자에게 반격을 가해서 그들을 자국의 영토로 귀환시키거나 격퇴하는 것이다. 그러나 현실 전쟁에서 병사들은 "눈에는 눈, 이에는 이"라는 법에 따라 행하는데 머무르지 않고, 받은 피해의 8배에 달하는 복수를 함으로써만 가슴이 후련해질 수밖에 없는 것이다.

수 십 키로 떨어진 적 기지에서 미사일이 날아오는 오늘의 전쟁은 고전적인 최전선은 볼 수 없고, 적이 보이지 않는 전장이 넓어지는 경우가 많다. 거기서 한쪽 '방위자'가 실패하면 지대공 미사일의 개발, 구입이라는 군비확대 경쟁유발의 지옥으로 스스로 굴러 떨어지게 된다. 다른 쪽 '공격자'는 실패하게 되면, 그 반성과 함께 병사, 군비강화에 한층 더 힘쓰게 되고, 다음 공격의 기회를 호시탐탐 노리게 된다. 이것이 석기시대로부터 현대에 이르기까지 전쟁의 역사다 ― 가장 중요한 문제는 나중에 거론하겠지만 "우리는 무엇을 방위하려는 것인가"이다.

따라서 방위는 필연적으로 군비확대를 불러온다. 군비확대는 국민 총생산의 통계를 증가시킬 수 있지만, 국민 부의 재생산과 반드시 연결되지는 않는다. 군사장비에 대량의 자금을 투입시키는 것은 투기지 투자가 아니다, 즉 도박이다. 군사 장비에의 투기는 기계나 인프라에의 투자가 아니며, 부를 재생산할 수 없고, 빈민을 재생산한다. 이것은 경제학의 초보적 이론이다. 투자가가, 예를 들어 그것이 10만 엔이라도, 군수산업 주식에 투기하는 것은 공공재의 손실이 될 뿐 아니라 살인의 공범자가 된다.

여기서 구체적인 기업의 이름을 거론할 지면이 없지만, 도쿄신문 사회부 기자 望月衣塑子의 "무기수출과 일본기업" (각천신서, 2016)을 꼭 읽어 보기바란다. 군비확대는 무기생산과 개발에 대량의 자금을 투입함으로 일부 군수산업의 주주나 이해관계자들의 부를 축적 시킬 수 있지만, 공공재를 잃게 되므로 많은 사람들을 빈곤의 상태로 떨어트린다. 그래서 일본정부는 전후, 장기간에 걸쳐서 경제성장정책(국가경쟁력이 있는 대기업을 우선적으로 육성하는 정책)을 우선시 하기 위해, "방위경제삭감"을 이유로 "전수방위"를 정책으로 삼아 왔다.

## 전수(專守)방위란 무엇인가?

전수방위에는 어느 정도 중대한 문제가 내재되어 있다고 많은 군사전문가들이 지적하고 있다. 전수방위 정책은 전쟁준비의 단계적 확대 이정표다. 예를들어, 공격하는 나라가 적이라고 간주하는 나라의 전수방위체제를 자국의 군사력보다 더 강력하다고 파악한다면, 공격국은 우선 강대한 파괴력을 가진 군사장비를 사용하게 된다. 그러면 전수방위국도 전수방위의 효력을 높이기 위함이라는 이유로 공격국에 밀리지 않는 군비 증강에 매진하게 된다.

  전수방위는 일반시민들의 막대한 사상자를 낳게 된다. 실례로써 아시아태평양전쟁 말기에 필리핀의 수도에서 일어난 마닐라 시가전을 떠올리면 이해가 된다. 당초 현지 육군 지휘관 山下奉文(야마시타 모토유키)는 일본군의 필리핀 침공 시 미군의 대응과 마찬가지로, 마닐라의 "무방비도시선언 (Open city declaration)" (헤이그 육지전투조약 제25조)을 검토했다. 마닐라를 비무장시키고 퇴각하면 미군은 마닐라를 공격할 수 없게 된다. 마닐라 포기는 시민의 피해도 없게 할 수 있다. 그러나 대본영육군사령부는 마닐라 포기에 동의하지 않았다. 그래서 山下는 전수방위 작전을 택하지 않을 수 없었다. 그 결과 많은 무고한 시민들이 전투에 휘말렸고, 10만 명이 넘는 마닐라 시민이 목숨을 잃었다 (방위청방위연구소전사부 마에하라 도오루,前原透 "마닐라 방위전 — 일본군의 도시전투" 연구자료 82RO-7H 1982).

현재 기시다 정권이 추진하고 있는 "상대지역"으로의 — "안보3문서"는 "적기지"가 아니라 "상대지역"으로 되어 있어 공격 대상을 한정하고 있지 않다 — 반격능력 강화정책도 그 완벽한 실례이다. 왜 이찌가야에 있는 방위성 앞마당이나 황궁앞 광장을 장거리 미사일 기지로 하지 않고, 인구도 적은 서남(西南)제도에 미사일 기지를 배치했는가? 그것은 이미 오래 관례화된 미군에 대한 자발적 굴종 전략이다. 그 전략은 우선 상대 목에 단도를 들이대는 것이고, 다음은 원전의 배치 지역과 같이 전쟁이 나면 정치경제의 중추기관이 집중해 있는 도쿄는 군사지정학상 리스크가 너무 크고, 엄청난 수의 사람들이 죽는 것이 명확하기 때문이다. 이 때에도 기지가 배치된 오키나와와 그 부속 섬들은 "버린 말(駒)" 전략으로 취급되는 것이다.

"전수방위"란 일반적 방위를 위한 게릴라전의 한 변형이라고 말해진다. 방위를 위한 게릴라전에 수반되는 기본적인 문제들이 그대로 이 "전수방위" 정책에 꼭 들어맞는다. 소비에트 군의 점령지역, 알제리아, 베트남 등에서 벌어진 게릴라전의 경험 등, 역사가들은 일일이 열거할 수 없을 정도로 다양한 역사적 사례들을 말하고 있다 (진 샤브 "시민힘으로 방위, 군사력에 의존하지 않는 사회" 미츠이시 젠키치, 三石善吉역, 법정대학출판국, 2016). 따라서 우크라이나의 마리우폴에서도 순식간에 러시아군의 침공으로 많은 시민이 뒤에 남게 되었다. 마리우폴 시민을 지키려는 "전수방위"에 철저한 가운데 러시아군의 압도적인 중화기로 인해 많은 시민들이 죽었다.

읽고 그냥 지나칠 수 없는 신문기사 (아사히신문 2023. 4. 14)가 있다. 전 내각법제국 장관 사카다 마사히로(阪田雅裕)가 기시다 정권의 방위정책을 "국시(國是)인 전수방위에서의 일탈"이라고 비판하는 발언이다. 사카다는 평화적 가치를 존중하는 인간으로서 매력있는 생각일지 모르지만, "전수방위"는 헌법 9조에 저촉될 뿐 아니라 "적기지공격"과 연결되어 있고, 군비확대 경쟁의 온상이 되고 있다는 역사를 어떻게 이해하고 있는 것인지 모르겠다.

## 나라를 지킨다는 것은 무엇인가?

*상비군은 시간이 지남에 따라 사라져 버려야 한다. 왜냐하면, 상비군은 언제나 무장하고 출격할 준비를 갖춤으로 인해서 다른 나라를 끊임없이 전쟁의 위협에 노출시키기 때문이다.*
*-임마누엘 칸트 "영원한 평화에 대해서" 1795*

博多(하카다)에서 자란 헌법학자 이시무라 젠지(石村善治)는 어느 모임에서 일본헌법의 선진성에 대해서 다음과 같이 말한 적이 있다. "일본 국민은 일본 정부를 〈전쟁을 위한 정부〉가 아니라 〈세계 평화를 위한 정부〉로 한다는 것이 헌법의 중심에 정해져 있다. 이것이 일본국 헌법의 선진성이다"(石村善治 "지금이야말로 빛나라 평화헌법" 자치체연구사). 1945년 이전 방위란 무엇인가라는 물음에 대한 신민의 모범해답은 "국체와 천황"을 황군의 무력으로 지키는 것이었다. 그럼 오늘날 국토민은 무어라 대답할 수 있을까? 사람들 가운데는 아직 "새로운 국체와 황실"이라고 답하는 사람이 제법 있겠지만, 일반적으로는 어쩌면 생명, 재산, 영토라는 답이 가장 많다고 나는 생각한다. 여기서 말하는 "새로운 국체"는 일찍이 대일본제국헌법(메이지헌법)의 상위에 위치한 "천황의 통수권"(메이지헌법 11조)이지만, 지금은 일본국헌법의 상위에 미국이라는 통수권자를 받드는 국가체제를 말하는 것이다.

일본헌법을 무시하고 "새로운 통수권자"를 추종하는 자공(自公)정권(플러스유신.국민)의 개헌론은 "일본헌법은 나라 지키는 것을 가르치지 않고 있다"고 주장하지만, 그것은 다음 세 가지 의미에서 볼 때 허무맹랑한 거짓이다.

첫째, 일본헌법 상위에 "통수권자·미국"을 올려놓고, 평화헌법에 복종하는 척 만 하는 자공정권은 개헌을 주창할 도의적 자격이 없다는 것이다. 일본국헌법은 "나라를 지키는 것을 가르치지 않고 있다"는 것이 아니라, 전쟁으로 타 국민을 살상하거나 타국을 침략하거나 하지 않음으로 나라를 지키는 것을 가르치고 있는 것이다.

둘째, 우리는 국가 권력이 발동하는 전쟁과 국제분쟁을 해결하는 수단으로써의 무력위협, 무력행사는 영구히 포기한다(일본국헌법 제9조 1항)고 선언했다. 헌법개정은 헌법 96조에 의해 보장되어 있지만, 우리는 지금 전쟁과 무력위협, 무력행사의 영구포기는 무엇을 의미하는 가를 묻지 않으면 안된다. 영구포기는 그 선(線)과 방위(方位)를 일탈해서 그 이외의 방향을 향해 개헌하는 것은 영구히 금지되어 있다는 의미이다. 그렇지 않으면 영구히 이것을 포기한다고 규정하는 헌법의 의미가 사라지는 것이다. 그래서 전쟁을 가능하게 하는 개헌은 영구포기 사항에 배치되는 것이고 쿠데타 의심을 하지 않을 수 없는 것이라는 것을 말해야만 한다.

세 번째, 일본헌법은 국민 한 사람 한 사람이, 군사력에 의존하지 않는 방위를 수행하는 것이고, 평화를 만들어 낸다는 것을 규정하고 있다. 나라를 지키는 것은 미일(美日)안보체제를 지키는 것이 아니고, 황실과 자본을 지키는 것도 아니고, 자기나름의 자유나 번영에 좋은 맞춤의 체제를 보전하는 것도 아니다. 그것은 다음 세 가지 원칙에서 나타난 민중의 평화적 생존권(헌법전문, 9조, 13조, 그 외 관련조항)을 지키는 것과 다르지 않다.

즉 ① 전세계 민중의 평화와 타자를 사랑하는 자유의 권리를 수호함 ② 전쟁을 포기하고 전투력을 보유하지 않기 위해 군축을 촉진함 ③ 모든 개인의 존재근거로서의 정체성, 즉 종교, 신앙의 자유, 행복 존중의 사회를 형성하는 것, 이러한 개인의 존엄을 존중하는 것이 나라를 지키는 내용인 것이다. 이외의 방법으로 나라를 지키는 것은 불가능하다. 구체적으로는 앞의 이시무라 젠지(石村善治)의 말처럼 "일본 정부를 〈전쟁을 위한 정부〉가 아니라 〈세계 평화를 위한 정부〉로 한다"에서 비로소 가능하게 된다.

이런 세 가지 원칙이 생성되는 것을 방해하는 것이 바로 글로벌화된 군사력과 경제착취에 기초한 구조적인 폭력문화이다. 그리고 그 구조를 지탱하고 있는 것은 다름이 아니라, 권력에 대한 우리의 자발적 복종이다. 사람은 가해성을 자각함으로 회심하고 주권재민으 권리와 책임을 맡는 인간이 될 수 있다.

## 평화적 생존권이란 무엇인가?

여기서 말하는 "평화적 생존권"은 일본헌법 전문에 명시되어 있는 "전세계 국민"과 함께 "평화의 집에서 살 권리"를 말한다.

헌법 9조를 "평화적 생존권"의 보장 규정으로 이해하는 헌법학자 후카세 타다카즈(深瀨忠一)는, 군대를 사용하는 전쟁으로 자국 민중의 인권을 지킨다는 근대의 전통적인 방위공식이 제1차, 2차 세계대전에 의해 근본으로부터 흔들리기 시작했다. 그것이 쌍방 민중의 삶과 생명에 전면적인 파괴를 초래했다.

그래서 국경을 넘어선 민중의 인권 옹호가 공통의 과제이고, 만국 민중의 인권을 함께 지킨다는 윤리가 새로운 법리를 요청하게 되었다. 바꿔 말하면, 군대와 전쟁에 의한 평화와 인권 방위가 아니라 군대와 전쟁으로부터, 혹은 군대와 전쟁에 대한 평화와 인권의 방위에로의 전환이다. (深瀨忠一 "전쟁포기와 평화적생존권" 이와나미서점, 1987).

*제13조 : 모든 국민은 개인으로서 존중된다. 생명, 자유 내지는 행복추구에 대한 국민의 권리에 대해서는 공공복지에 반하지 않는 한 입법이나 다른 국정가운데 최대의 존중을 필요로 한다.*

서구 정치사상사가 지바 신(千葉眞)은 우선, 평화적 생존권이 제13조에 기초한다는 것을 가르치고 있다. 제13조의 "공공복지" 가운데 — 당연하다고 말하면 당연한 것이지만 — 제9조의 본질인 전쟁과 교전권의 포기에 의한 세계평화의 창조와 유지를 포함한다. 이에 더해 *"평화적 생존권은 생명권(생명에 대한 권리/ Right for Life)이 인식되지 않으면 절대로 의미가 없는 권리라고 말할 수 있다.* 생명권은 자유권과 행복추구권들을 포함하는 권리들 가운데서도 근원적인 권리로써, 그런 권리들을 기초로 하는 근본적인 권리다"고 하면서 나아가 평화적 생존권이 일본 국민에게만 귀속되는 것이 아니라 세계 각국 사람들에게 귀속하는 것으로 국가 주권의 한계를 넘어 세계 시민권의 하나로 성립된다는 것을 지적하고 있다(千葉眞 "미완의 혁명으로써의 평화헌법, 입헌주의 사상사로부터 생각한다" 이와나미서점, 2009).

역사적 시간으로는 민중의 평화적 생명권은 늘 끊어질 위기에 놓여있다. 이런 위기 가운데 "평화적 생명권"이라는 개념은 거짓된 운용방법으로 슬로건화 되어 군사전략으로 이용되고 있다. 그런 위험을 피하기 위해서도 생명권(Right for Life)뿐 아니라 생명 그 자체에 대한 철학적 혹은 종교적인 근원을 세워놓지 않으면 "평화적 생명권"은 전혀 의미 없는 권리가 되고 마는 것이다. 따라서 "이 헌법이 국민에게 보장하는" 평화적 생명권은 "국민의 부단한 노력에 의해", "항상 공공의 복지(전쟁포기에 의한 세계평화)를 위해 사용하는 책임"(제11조)임을 국민은 담보하고 있다. 이 임무를 다하는 것이 "나라를 지키는" 것이다. 나는 이 임무를 "민중의 사회안전보장"이라는 개념으로 부르고 있다.

## 민중의 사회안전보장

자국민의 생존 명목으로 행해지는 국가안전보장은, 상대국 국민의 생존과 안전을 희생함으로 달성하려고 하는 참으로 어리석은 방위 정책이고, 그것은 안전보장이라는 명목상 이름뿐인 전쟁 정책이다. 사람이 자신과 자기 나라를 이렇게 사이비 컬트국가에 맡겨왔다면, 참으로 자신을 부끄러워해야 한다. 안전보장은 왜 전쟁에 도달하게 되는 것일까. 그 하나의 답을 미셸 푸코가 제시했다.

"근대국가의 전쟁은 이미, 수호해야만 하는 군주의 이름으로 행해지지 않는다. 국민 전체의 생존이라는 이름으로 행해진다.

주민 전체가 그들의 생존에 필요라는 이름으로 〈상대국 국민〉을 서로 죽이도록 훈련되고 있다"

"국가안전보장"과 "민중사회안전보장" 비교표

| 국가안전보장 | 민중사회안전보장 |
|---|---|
| 적의 존재를 전제로 하는 선악 이원론적 이데올로기로 현상을 본다 | 악한 적이 존재하는 것이 아니라, 아직 해결되지 않은 분쟁이 존재한다고 생각한다 |
| 무력이야말로 평화를 만드는 가장 효과적인 수단이라고 생각한다 | 비무장의 민중적 저항이야말로 평화에 이르는 가장 유효한 길이라고 생각한다. |
| 무력간섭, 첩보활동이 정치 행동의 주역이 되기 때문에 언론 통제를 강화한다 | "정부의 행위로 인해 다시 전쟁의 참화가 일어나는 일이 없도록" 평화적 수단으로 분쟁을 완화한다. |
| 타국민에 대해 의심과 증오를 품고, 강제로 굴복시키는 국가안전보장을 추구한다 | 상대국과 자국 사람들 간에 신뢰를 키워 화해를 모색한다 |
| 공포와 의심의 지배 | 신뢰와 공정의 지배 |

현재 일본은 중국, 러시아, 북조선에 대해 분쟁의 불씨를 안고 있지만, 일본정부는 이에 대해 "국가안전보장"의 패러다임으로 대응하고 있다. 한편, 반대로 일본정부가 일본헌법에 따라 "민중의 사회안전보장" 패러다임을 추구하면 양자는 어떠한 차이를

가져오겠는가. 위 도표는 패러다임의 차이를 대조한 것이다. 대조시킨 목적은 차이를 두드러지게 하려는 것뿐이다.

　　　민중의 사회안전보장은 상대국과 자국의 화해를 모색하는 행동 외에 다른 게 아니다. 즉, 한 나라의 안전보장은 인근 나라들의 안전보장과 결코 분리할 수 없다는 생각이다. 이를 위해서는 쌍방간에 신뢰를 키우는 것이 불가결한 것이다. 이것을 "안전보장의 불가분성"이라 말하지만, 이것은 일본헌법의 전문과 제9조와 관련된 곳곳에 규정되어 있는 것으로, 결코 새로운 개념이 아니다.

　　　이 불가분성의 참 의미를 포착하려면 "오키나와·아시아"의 관점이 필요하다. 이는 단순히 지리상의 "오키나와·아시아"가 아니라 일본군이 침략한 지정학적 "오키나와·아시아"이다. 간단히 말하면, 상대국의 입장에서 자국을 보는 관점을 말한다. 이 관점을 정치적으로 반영시키려면 국가안전보장이라는 권력구조의 토대를 강화하는 것을 멈추는 것, 그것이 곧 "민중의 비무장저항"이며, "나라를 지키는 것"이고, 1945년 패전을 지내온 일본인이 배운 것이다. 이 역사적 경험과 학습이 평화헌법의 성립에 연결되어 있는 것이다.

## 자위대를 국제재해구조대(Thunderbird)로 재편하자

　　Thunderbird는 본래 1960년대 영국에서 만들어진 TV 프로그램으로, 세계 각지에서 발생한 사고와 재해의 절체절명 위기를 당한 사람들을 "국제구조대"(IR · International Rescue)가 슈퍼 매커니즘을 구사해서 구조하는 활약을 묘사하는 오락프로다.

　　'어린이빈곤' '팬데믹의 의료붕괴' '수도직하지진(首都直下地震)' '이상기온' '원자력발전소 사고' 등은 지난 수년간 대표적인 다큐멘터리 채널인 'NHK 스페샬' '혼미의 세계' '영상의 세기' 등에서 다룬 주제들이다. 이런 프로들이 말하는 것은 무엇일까?

　　일본뿐 아니라 세계는 바이러스 감염증을 포함해 재난투성이로 많은 사람들이 재난에 희생되고 있다. 오늘 우리가 경험하고 있는 재난의 고통과 희생에 대해 무력 준비에 의한 안전보장은 아무 쓸모가 없다. 무력 준비에 의한 안전보장은 거대 재난에 대한 인간의 사회안전보장에는 아무 쓸모가 없다.

## 어린이처럼

늑대가 새끼 양과 어울리고 표범이 숫염소와 함께 뒹굴며, 새끼 사자와 송아지가 함께 풀을 뜯으리니 어린아이가 그들을 몰고 다니리라. 암소와 곰이 친구가 되어 그 새끼들이 함께 뒹굴고 사자가 소처럼 여물을 먹으리라. 젖먹이가 살무사의 굴에서 장난하고 젖 뗀 어린아기가 독사의 굴에 겁 없이 손을 넣으리라. - 이사야서 11장 6-8절.

역사변혁을 강대국 정부에 기대할 수 없지만 그들을 적으로 돌릴 수는 없다. 왜 강대국은 세계 변혁에 무능한 것인가? 그것은 막대한 권익을 잃는 두려움이 있을 뿐만 아니라, 그들의 자부심이 그것을 불가능하게 하기 때문이다. 중소국도 대국의 압력에 의해 어려운 것이다.

성서에서 이사야는 변혁의 길을 어린이들이 인도한다고 말했다. 예수는 어른들에 의해 주변으로 쫓겨난 어린아이들을 세계 중심에 돌려놔야 한다고 가르쳤다. 그들은 그것을 비유이야기로 말한 것도 아니고, 아이들을 성인화한 것도 아니다. 아이들은 늘 비무장이고, 적을 학살하지도 않는다. 아이들은 신뢰하고 도와주는데 천재적이다. 아이들은 자기 욕망을 만족시키기 위해 과학기술을 악용하지도 않고, 종교사상을 오용하지도 않는다. 아이들은 세계 가난한 사람들로부터 부를 독점해서 초호화 저택에 사는 "아메리칸 드림"을 꿈꾸지도 않는다. 아이들은 원자폭탄을 보여주면서 타국을 위협하거나 원자폭탄 두 개를 투하하거나 하지도 않는다. 아이들은 5년간 42조의 세금을 전쟁 준비를 위해 사용하는 발상을 도대체 하지 않는다.

평화를 추구하는 각 나라의 어른들은 아이들처럼 연대와 비무장으로 싸우고 있다. 평화운동은 전쟁에 중독된 정부의 기반에 쐐기를 박고 압력을 가하는 것을 기본으로 하고 있다. 우리 민중의 일은 일본정부를 "전쟁을 위한 정부"가 아니라 "세계평화를 위한 정부"로 만들기 위해, 정부에 대해서 자위대를 재편해서 '국제평화재해구조대'를 설립하고, 재해 발생으로부터 12시간 이내에 세계 어디든지 현장에 가는 구조대가 되어 세계평화에 이바지 하는 나라를 만들게 하는 것이다.

미사일과 전투기와 폭탄을 해체하고, 군함을 난민수용선으로, 구축함을 병원선으로, 전차를 불도저로, 군사기지를 주민을 위한 삼림스포츠공원으로, 방위대학을 세계평화대학으로, 방위성을 평화재해구조성으로, 자위대 훈련학교를 구조대 훈련학교로 개조해서 세계 청년들을 모아 구조 전문가들을 양성한다. 따라서 우리는 이사야서 2장 4절 *"그가 민족간의 분쟁을 심판하시고 나라 사이의 분규를 조정하시리니, 나라마다 칼을 쳐서 보습을 만들고 창을 쳐서 낫을 만들리라. 민족들은 칼을 들고 서로 싸우지 않을 것이며 다시는 군사 훈련도 하지 아니하리라"*를 실현하고, 분쟁중인 동아시아 바다를 명실공히 "공동평화해"(Co-Pacific Ocean)로 한다.

이를 위해 우리는 일본정부에 대해서 전쟁의 위법화와 동시에, UN과 관련 6개국(미국, 중국, 러시아, 대만, 한국, 북조선)사이에 몇 년이 걸리더라도 내용을 동반한 신평화조약을 체결하는 외교노력을 할 것을 설득해야 한다. '내용을 동반한'이 안되면 그것은 다음 전쟁의 준비에 이용되기 때문이다. 국제정치에 뛰어난 기성정당과 그들과 어울리는 국제정치 전문가들은 '그것은 동아시아에 불안정 요소를 증가시킨다'고 멀쩡한 얼굴로 비난할 것이다. 그럼에도 늘 개혁되어야 하는 세계는 '*어린아이가 그들을 몰고 다니리라*'(*이사야서 1장 6절*)는 것이기 때문이다.

## 3장.
## '만약 침략당하면 어쩌나'라는 물음

### 현실적 물음으로의 생각

우리는 이 질문이 사람들을 놀리는 것이 아닌, 진지한 질문으로서 마주하면서 이런 질문을 갖고 있는 사람들과 함께 생각해 보고자 한다.

2020년 여론조사에서 '일본경제신문'은 '적기지 공격능력 보유'에 대해 찬성 37% 반대 55%라고 보도했다(7월 20일). 2023년 1월 6일 아사히 신문 조사에서는 '적기지 공격능력 보유'가 찬성 56% 반대 38%이다. 양자를 단순히 비교 계산할 수는 없지만,

굳이 말하자면 증가한 20% 가까운 사람들이 찬성으로 전환한 가장 큰 이유는 '불안과 공포'임에 틀림이 없을 것이다. 이 '불안과 공포'가 '만약 침략당하면 어쩌나'라는 물음에 나타나고 있다고 보면 무방할 것이다.

　　　노르웨이의 '오슬로 국제평화연구소'의 평화학자 요한 갈퉁도 인정하듯이, 일본은 국제기준으로 보아도 77년간 미군에 점령되어 있는 완벽한 피점령국이다. 그런데 일본 사회에서는 이런 인식이 금기시되고 있다. 그러나 최근 공적으로 이 금기를 거리낌 없이 말하는 사람들이 적지 않다. "이렇게 우리나라는 미국에 점령되어 있지마는, 그래도 그들이 일본을 지켜주기 때문에 치안이 유지되고 안심하고 살 수 있는 것이다." 이 말은 2022년 12월 후쿠오카·덴진에서 진행된 시가행진에서 한 지나가는 사람이 내 친구에게 던진 말이다.

　　　이 "미국 핵우산하에 안전하다"는 신조는 명백히 "통일협회"와 비슷한 사이비 컬트종교라고 나는 생각한다. 그들은 미국에 의한 이런 점령상태를 긍정할 뿐 아니라, 정권이 획책하는 국방예산 대증가에 협조하고 있는 것이다. 이런 입장의 정치가나 대중은 점령자에 영합하기 때문에, 그 "점령되면 어떻해"라는 질문은 그들에게는 성립되지 않는다. 그러나 이런 성립되지 않는다는 이론이 역사를 잘못된 방향으로 유도하는 비극을 잊지 않기 위해, "침략되면 어떻해"라는 질문에 대한 문제점의 답을 정리해 본다.

## 답은 단순히 'Yes'나 'No'에 있는 게 아니다

 이런 질문을 하는 사람들은, 토의를 할 때 이건가 저건가의 양자택일로 유도하려는 의도를 숨기고 있는 것 같다. 침략자의 위협을 받고 자국을 지키기 위해서 적을 죽일 수밖에 없는 것처럼 보일 때조차도, 항상 그 이외의 길이 있다는 것을 믿고 모색하는 것이 "공정과 신의를 신뢰하고"(일본헌법 전문)의 의미이다. 정말 우리는, 학교에서 학생들에게, 가정에서 아이들에게, 교회에서 신도들에게 이 "신뢰"의 의미를 가르쳐 왔던 것일까? 가르쳐야 하는 교사가, 부모가, 목사가 자기의 과제로 받아들이고 자기 몸에 배도록 했었을까? 어쩌면 "평화헌법을 지키자"고 호소해 온 우리가,

바로 이 "신뢰"가 역사에 새로운 지평을 여는 준비가 되는 것이라는 것을 시험해 보지 않았던 것은 아닐까.

## "만약, 침략당하면 어떻해!"

침략당하면 말할 것도 없이 하염없이 살인이 행해지게 된다. 그래서 "정의와 질서를 기조로하는 국제평화를 성실하게 추구하지"(9조 1항) 않으면 안된다. 그러므로 민중은 정부에 대해서 전쟁의 싹을 잘라내는 본래의 임무(외교)를 하게 할 책임이 있다.

그런데 평화헌법을 혐오하는 사람들은 "만약 우리가 타국을 침략했다면"이라는 질문은 하지 않는다. 왜냐하면 그것은 자기들에게 불편한 질문이기 때문이다. 여기에 "만약, 침략당하면 어떻해"라는 논리중에 잠재되어 있는 하나의 속임수가 어렴풋이 보인다. 우리는 그들에게 호소하고 싶다. 예전에 일본 제국주의 정책에 희생된 아시아 민중들의 고통과 상처로부터 헌법 9조의 의미와 현대성을 생각해 보지 않겠냐고.

## "9조가 있으면 일본은 지켜질까?"

이 질문은 고 아베 신조가 즐겨 사용했던 관용구였다. 그래서 나는 이 말을 하는 사람들에게 물어보고 싶다. "당신은 헌법 9조를 활용한 적이 있는가?"라고. 생활상에서 9조를 활용한 적이 없는 사람이 이 질문을 하면, 그것은 공허하고 실체가 없는 정치적 선전이 될 뿐이다. 그래서 나는 거꾸로 물어보고 싶다. "9조를 바꾸면 일본은 지켜지는가?"라고.

한 나라의 안전보장은 이해관계국(적국)과 불가분하게 관계를 맺으면서 효과를 발휘하게 되는 것이다. "어느 나라도 자국의 일에만 전념하면서 타국을 무시하면 안된다"(헌법전문). 어느 나라도 타국의 안전보장 희생 위에 자국의 안전보장을 확립할 수 있다고 믿는다면, 그것은 컬트국가의 환상에 불과한 것이다.

## 오키나와 사람들의 투쟁과 삶으로부터 배운다

아하곤쇼코(阿波根昌鴻)씨는 예수, 간디, 킹 목사로부터 비폭력저항의 삶을 배우고, 그것을 "생명이야 말로 보물(命どう宝)"이라는 오키나와의 말로 표현했다 (阿波根昌鴻 "命どう宝 오키나와 반전의 마음" 이와나미 신서, 1992). 그것은 정치, 경제, 종교, 과학, 예술 등 모두가 신으로부터 주어진 생명을 진실로 사랑하고 섬긴다는 의미가 있고, 그냥 "목숨이 제일이다"고 해석하는 것은 심각한 오해다.

오키나와의 정의와 평화를 사랑하는 사람들은 방위시설청과 미군기지와 본토 일본인의 무지라는 3중의 점령자에게 침략당하고 있기 때문에 불복종행동, 비폭력운동으로 군사기지의 철폐 투쟁을 하고 있다. 이것을 비난하는 사람들이 "침략당하면 어떻해"라고 말하는 것은 너무 우스운 이야기다.

## 침략자의 권력의 원천은 민중의 의지와 힘에 있다

　침략에는 외국으로부터의 침략과 국내의 쿠데타가 있다. 이런 침략에 대해 싸우는 방법은 무기에 의존하지 않는 민중의 연대에 의해 지속 가능한 방위로 달성할 수 있다. 그것은 나 자신이 인도네시아의 수하르토 독재 체재하에서 경험한 진리다. 인권 억압에 항의하는 데모에 참가하다 경찰에 체포된 학생을 만나러 갔을 때, 또 항의 데모에 학생들과 함께 참가했을 때, 그때가 바로 학생들의 평화학 실천 교육의 때가 되었었다. 경찰과 같은 권력기관과 협동할 수 있는 분야가 주어졌을 때는 성실하고 주의 깊게 협력하는 것이 좋다.

　우선 민중 한사람 한사람이 자신의 영성을 "평화의 숫돌"로 갈고 닦음과 동시에 뛰어난 전략과 전술안을 현장에서 실천해야 한다. 이를 위해 침략자의 권력구조를 분석하고 그들의 약점을 탐색하고 규정할 필요가 있다. 이렇게 해서 수하르토 독재정권은 우리 앞에서 붕괴한 것이다. 외국의 침략자도 국내의 독재자도 민중의 지지를 얻지 못하면 "토대를 빼앗긴 거상(巨像)처럼, 스스로의 무게로 붕괴"하기 때문이다.

덧붙혀, 우리들이 이 책에서 배운 것은 간디, 킹 목사, 진 샤프(Gene Sharp)등이지만, 내가 계속해서 공부해 온 책은 미야타 미추오(宮田光雄)의 "비무장국민저항의 사상" (이와나미신서, 1971)이다.

## "원자력 발전소가 공격당하면 일본은 어떻하나?"

나는 이 질문을 "침략당하면 어떻하나"하는 사람들에게 돌리고 싶다. 이 사람들은 "그러니 원자력 발전소를 폐기하자"고는 절대로 말하지 않는다. 일본을 파멸시키는데는 원폭을 탑재한 중거리 탄도미사일도 순항미사일도 필요 없다. 250키로 폭탄을 탑재한 3기의 세스나 경비행기로 동해 해안선에 쭉 널려있는 원자력 발전소에 "테러공격"을 감행하면 그것으로 끝이다.

그래서 원자력발전소를 추진한 정치인, 제조자, 운영자들은 테러리스트의 공범자가 된다는 것을 자각해야 한다. 일본 정부는 1984년에 원자력발전소에의 공격을 상정한 예측 피해로 최대 1만 7천 명의 급사자 ─ 대략 낙관적인 수치로 생각된다 ─ 발생을 예측했다 (아사히신문, 2011. 7. 31). 그들은 후쿠시마의 경험으로부터 그 참사를 상정할 수 있었음에도, 원자력발전소를 폐기하기는커녕 증설하는데 찬성하고 있다. 이렇게 말하면, "침략당하면 어떻해"하고 씩씩거리던 사람들의 다수가 희안하게도 "그런 일은 일어날 리가 없어"라고 대답한다.

## 전쟁은 사람을 살인마로 바꿔버린다

침략자는 고국에서는 휴머니스트였어도 전쟁은 그들의 휴머니티를 파괴하고, 태연하게 시민을 죽이고 여성을 능욕하는 사람들로 변모시킨다. 침략을 당한 땅의 남자들은 자발적으로 아이들과 여성들의 방패가 되는 행동을 하게 될지 모른다. 그래서 다른 사람에게 도망갈 찬스를 줄 수도 있고, 공격해 오는 적을 죽이지 않아도 될지 모른다. 그러니 그전에 정부는 다양한 외교적 수단으로 주변국가와의 신뢰관계를 높이고 민중, 시민은 주변 국민과 우호와 신뢰 관계를 구축해서 전쟁이 일어나지 않게 노력할 필요가 있는 것이다.

## 역사는 단순히 인과관계로, 숙명적으로 이루어 지지 않는다

우리가 살아가는 세상은 단순히 인과율이나 숙명론으로 이루어지는 폐쇄적인 시스템이 아니다. 거기에는 생각할 수 없는 해결의 길이 숨겨져 있고, 해결의 길을 만들어 낼 능력도 있다. 다른 나라 사람들을 생각하지 않고 자기 생활만을 지키려고 하는 "안전보장"은 결국 타국 사람들의 희생을 전제로 한 무서운 안전보장 시각이다.

진정한 안전보장은 적대적인 양자의 평화적 생존권이 동시에 보장되는 시스템이 구축되어야 한다. 이를 위해 다양한 방면으로 신뢰 양성이 필요하다. 대리 희생자를 양산하는 세계를 만들지 않기 위해 평화를 열심히 구하자, "만날 수 있을 때 찾으라"(이사야서 55장 6절).

## 정리하면

뉴욕 UN본부 광장에 있는 "이사야의 벽"에 구약성서 이사야서 2장 4절이 새겨져 있다.

*"그들이 칼을 쳐서 보습을 만들고 창을 쳐서 낫을 만들 것이며, 나라와 나라가 칼을 들고 서로를 치지 않을 것이며, 다시는 군사훈련도 하지 않을 것이다."*

이 기록에 자기 실존을 걸고 마주하는 사람은 이제 "만약 침략당하면 어떻해"라고 묻지는 않을 것이다. 그 사람은 오히려 "평화를 만들기 위해 나는 무엇을 해야만 할까"라고 물으며 평화를 만드는 사람이 될 것이다.

1946년 8월 27일 화요일, 귀족원(貴族院) 본회의에서 난바라 시게루(南原繁,무소속)는 시데하라 키주로(幣原喜重郎) 국무대신에게 다음과 같이 질문했다.

"….. 적어도 국가라고 하는 한, 자기 국민을 방위한다는 것, 또한 그것을 위한 장비를 갖는다는 것, 이것은 보통의 이론이다. 이것을 헌법에서 포기하고 무저항주의를 주장해야하는 어떤 도덕적 의무도 없다".

이에 대해 시데하라(幣原)는 다음과 같이 답했다.
"실제 이 개정안 9조는 전쟁포기를 선언하고, 우리나라가 전세계에서 가장 철저한 평화운동의 선두에 서서 지도적 위치를 점한다는 것을 나타내는 것이다….. 문명과 전쟁은 결국 양립할 수밖에 없다. 문명이 속히 전쟁을 멸절시키지 않으면 전쟁이 먼저 문명을 멸절시킬 것이다. 나는 이런 신념을 갖고 이 헌법 개정안의 기초 심의에 참여했다." ("복각판 전쟁포기편 제국헌법 개정심의록" 참의원 사무국편, 1952년).

난바라와 시데하라의 토의를 모두 읽고, 나는 두 사람의 토의 내용의 깊은 의미에 대해 감탄했다. 그런데 전쟁 후, 동경제국대학 총장에 취임하자마자 귀족원극선(貴族院勅選)의원에 임명된 난바라같은 기독교 지식인이, 이 평화헌법을 "비폭력시민저항"이 아니라 "무저항주의"로 이해하고 있었다는 것은 놀라운 일이다. 시데하라의 총리 임기는 1945년 10월 9일 ~ 1946년 5월 22일까지 8개월이기 때문에, 이 토의가 있었던 1946년 8월 27일은 총리 퇴임 후 국무대신이 된 후 3개월이 지난 후 일이다. 두 사람의 토의는 일본의 그 후 방위논쟁을 대표하는 선구적인 역할을 했다.

난바라의 의견은 "만일 침략당하면 어떻해"라는 "보통의 원리"를 대표하는 것이고, 외교현장에서 열심히 연마해왔던 시데하라는 "철저한 평화운동의 선두에 서는" 사람들의 의견을 대표하고 있다고 말할 수 있을 것이다. 역사는 지금 누구의 뛰어난 예지를 필요로 하고 있을까?

## 마지막장.
# 평화를 찾아 구함

    모든 생명에는 넘어서는 안되는 "경계(유한성)"라는 것이 있는 것과 같이, 모든 민족에게도 존중해야만 하는 "경계"가 있다 (신약성서 사도행전 17장). 그 경계에 대한 유일한 대면 방법은 "수용"이다. 그것은 모든 가정, 조직, 기업, 집단, 종족에게도 타당하다. 그러나 인간성을 일탈한 광신적 욕망의 사람의 경계를 수용하는 것은 매우 곤란하다. 왜냐하면 "모든 유한한 것은 스스로를 무한한 것으로 확장하려고 한다, 마찬가지로 개인은 경계가 있는 스스로의 생을 무한히 계속하려고"(폴 틸리히)하기 때문이다.

    따라서 독재자와 그 집단은 스스로의 한계를 정한 경계

평화롭게 사는 길과 "국가안전보장"

를 무력행사로 확장하거나, 소멸시키거나 해서 무한한 것으로 확대한다. 이것이 침략전쟁이다. 이 문제에 대해서 하나야마 신쇼(花山信勝, 승려, 동경대학교수)는 교계사(教戒師)의 입장에서 처형되기 전의 A급 전범들이 구속되어 있던 쓰가모(巣鴨) 형무소에 빈번히 다니면서 그들의 유언서를 기록했다. 거기서 "도조 히데키(東条英機)의 유언"의 일부를 소개했다.

"인간의 욕망이란 본성이고, 국가의 성립도 욕심으로 나오는 것이고, 자국의 존재라든가, 자위(自衛)라고 하는 좋은 말도 모두 국가의 욕심이다. 그것이 결국 전쟁이 되는 것이다. 그것을 없애기 위해 동양에서는 석가가, 서양에서는 그리스도가, 이 두 성인이 세상에 와서 욕심으로 먹어 치우는 인간을 구원하기 위해 수천 년 노력해 왔지만, 그것이 '인간에 의해' 실행되지 않고 시간이 지나면 말세적 상태가 되었다는 것이다. 그래서 우선은 정치가가 이 '대무량수경'을 읽고 깊이 생각해야만 한다. 나도 쓰가모 형무소에 들어가 처음 발견한 것으로, 한심스러운 일이다. 그러나 여기 쓰가모에 들어오지 않으면 인생을 조용히 볼 수 없는 것이다"
(花山信勝 "평화의 발견" 아사히신문, 1948)

여기서, 넘어서는 안되는 권력의 경계를 군사력의 망상으로 넘어선 한 남자의 늦은 회한을 읽을 수가 있다. 역사는 단순히 인과나 숙명으로 이루어진다는 폐쇄계의 크로노스(시간)가 아니라, "보라 내가 모든 것을 새롭게 한다"(신약성서 요한계시록 21장 5절)라는 약속 있는 개방계의 카이로스(시간)인 것이다. 본서에서 이미 배운대로, 자신들의 생명을 우선 구하려는 "안전보장"은 상대측의 사람들을 우선 희생시키는 것을 전제로 한 무서운 "안전보장"관이다. 우리는 이 관념에서 해방되어 적대하는 양자의 평화의 집에 살아가는 생명이 동시에 보장되는 우애에 기초한 세계시스템을 구축하는 것이 인류에게 부여된 최대의 임무이다 (가가와 도요히코).

일본헌법 전문은 "평화를 사랑하는 제국민의 공정과 신의를 신뢰하고, 우리의 안전과 생존을 보호 유지하려고 결의했다"고 선언한다. 이를 위해 민과 민, 나라와 나라 사이에 신뢰가 커져야 한다. 결국, 신뢰란 내가 갖고 있는 주권의 일부를 타인에게 양도하는 것으로부터 시작된다. 이쪽이 적의(敵意)라는 주권의 일부를 버리면, 한층 더 평화의 선택지는 당연히 섬차 커진다.

비폭력의 평화창조라는 삶의 방식은 기독교만의 특징이 아니고, 타종교나 철학에서도 배울 수 있는 것이다. 여기서는 논어의 "안연(顏淵) 제12"를 金谷治의 현대역으로 읽어보자 (논어 이와나미문고, 와이드판, 2003).

공자의 제자인 자공이 정치에 대해 질문했다. 공자가 말씀하셨다, "식량을 충분히 하고 군비를 충분히 하고 백성에게는 신뢰를 줘야 한다." 자공이 "꼭 어쩔 수 없이 버려야 한다면, 이 셋 중에 무엇을 선택해야 합니까." 하자, 공자는 "군비를 버려라"고 말했다. "꼭 어쩔 수 없이 버려야 한다면, 나중 둘 중에 무엇을 버려야 합니까."라고 하자, "식량을 버려라. 자고로 누구든 다 죽는 것이다. 인민은 신뢰가 아니면 안정시킬 수가 없다"고 말씀하셨다.

공자(기원전 552~479)가 살았던 시대 중국은, "내가 곧 정의다"라고 주장하고 "군비"를 이용해서 살육이 정당화되던 군벌할거(軍閥割拠)의 춘추전국 시대였다. 그러나 공자는 "믿음이 없으면 나라가 설 수 없다"고 하는 평화학을 제자들에게 가르쳤다.

또한, 도조 히데키(東条英機)가 쓰가모형무소에서 애독했다고 알려진 "대무량수경"에 나오는 가르침에 병과무용(兵戈無用)이라는 말이 있다. 戈는, 즉 모(矛,작살) 혹은 창(槍)으로써 석가가 악을 삼가고 믿음을 권하고 있다는 것을 말한다. 그 배경에는 불살생(不殺生) 즉 "죽이지말라"는 석가의 사상이 있다 (이즈미 시게키, 泉惠機).

그리고 일본에는 "신도 부처도 없다"는 신조를 갖고 있는 사람들도 많다고 생각한다. 전통적인 종교적 신앙은 없지만, 정의와 평화의 실재(實在,Reality)에 접했던 많은 사람들이 사실로써의 위대한 평화의 정의와 평화의 실재를 믿고 있다. 평화의 실재와 그에 대한 신뢰를 가지고 우리는 연대할 수 있는 대화가 가능한 것이다.

우주가 신의 은총으로 절대적인 긍정에 의해 조성되었다면, 평화는 역사의 의지이고, 자연의 가르침이며, 부처의 자비이고, 신의 은혜인 것이다. 사람은 누구나 자기 양심과 이성을 혹은 스스로의 존재를 이 역사의 의지를 향해, 자연의 가르침을 향해, 부처의 자비를 향해, 혹은 신의 은총을 향해 얼민, 그때는 군사동맹이나 핵우산에 의한 국가안전보장에 매달릴 필요가 없고, 병과

무용(兵戈無用)의 자유를 경험할 수 있다. 다만 그 자유를 올바르게 지속적으로 심화시키기 위해서는 신뢰를 얻는 종교 내지는 신앙이 필요하다고 나는 믿는다. 대리 희생자를 더 이상 만들지 않기 위해서, 평화를 발견할 수 있을 때 평화를 찾으러 가야 하지 않겠는가.

# 나가며

이 책이 나오게 된 경위는, 작년 (2022년) 말, 친구인 고시오 가헤이(小塩海平, 도쿄농업대학교수)가 내 강연원고 "우크라이나 파괴에 관한 간단한 보고"를 생명의말씀사 출판부에 소개해 주신 것에서 시작되었다.

러시아의 우크라이나 침공은 일본국헌법의 개헌을 호시탐탐 노리고 있던 정당이나 단체에게는 천재일우의 기회를 제공한 것 같다. 많은 사람들이 국제문제를 해결하기 위한 최종적인 수단을 전쟁능력에 의존하는 상태를 나는 심각한 신학적, 지정학적 위기로 파악하고 이 책을 썼다.

나는 전쟁에 대해 쓸 때 '학대받는 민중에의 우선적인 관여(Preferential Option for the Oppressed People)'라는 원칙으로 국가와 민중을 구별한다. 그러나 그것은 국가를 성악설로, 백성을 성선설로 파악하는 고정관념은 아니다. '학대받는 민중'의 시점으로만 전쟁의 본질을 잘 볼 수 있기 때문이다.

2003년 이라크 바그다드 현지에서 미국의 이라크 침공을, 그리고 2022년 3월과, 2023년 3월 우크라이나 여행에서 러시아의 우크라이나 침공을 직접 체험하게 되었다. 그리고 고민했다. "왜 인간은 전쟁이라는 유혹에 빠져 인간성을 버리는가"라는 질문이 나의 커다란 테마중 하나가 되었다.

내 아들은 영상 저널리스트의 비자를 얻어 작년 4월부터 현재까지 동우크라이나에서 일하고 있다. 우리는 자주 이 전쟁의 본질에 대해 토론했다. 그 성과는 이 책에 잘 반영되어 있을 것이다.

나를 우크라이나에 보내 준 것은 이토시마(糸島) 성서집회의 동지들, 동아시아 평화센타 후쿠오카 동료들, 이토시마 데모크라시 학원 친구들이다. 더욱이 많은 사람들이 귀중한 재물을 헌금해 주셨다. 이런 분들의 협력이 없었다면 이 책은 나오지 못했을 것이다.

이 책은 나의 2차에 걸친 우크라이나 방문에서 만난 사람들과의 대화와 토론이 토대가 되었다. 참고 도서는 본문에 삽입했다. 인명에는 경칭을 생략했다. 생명의말씀사 출판부의 米本円香(고메모토)씨는 나의 악필난문을 인내로 교정해 주셨다. 아내의 엄격한 평론은 항상 그렇지만 풍부한 지적 자극을 제공해 주었다. 이 책에 기록된 사람들에게 진심으로 감사를 드린다.

나는 집필을 위해 수개월간, 손자들과 함께 캐치볼이나 수영 등 노는 시간을 어느 정도 줄여야 했다. 그들에게서 빼앗은 시간으로 책을 썼다. 손자들의 미래를 위해 사랑과 희망을 모아 이 책을 올린다.

2023년 7월 3일 후쿠오카 이토시마에서
기무라 코이치 (木村公一)

■ **옮긴이 후기**

　　전쟁의 시대에 돌입한 것 같습니다. 이스라엘이 팔레스타인 가자지역 및 이란까지 공격하고 있고, 러시아의 우크라이나 침공이 3년이 넘어가고 있습니다. 물론 크림반도를 러시아가 점령한 것을 생각하면 전쟁은 훨씬 전부터 시작되었습니다. 평화가 더욱 간절합니다. 러시아와 우크라이나는 오랜 세월 깊은 역사의 앙금이 있습니다. 기무라 고이치 목사님의 이 책을 통해서 러시아와 우크라이나의 우여곡절 많은 이야기를 알 수 있었습니다. 그러나 무엇보다, 수많은 사람이 죽어 나가는 슬픈 전쟁의 포탄이 떨어지는 곳에, 위험을 무릅쓰고 직접 가서서 그들과 함께 하셨던 목사님의 기도에 머리가 숙여집니다. 부디 그 기도대로 속히 전쟁이 멈추기만을 바랍니다.

　　　　나아가 일본의 평화헌법 문제를 정치, 사회, 종교적으로 잘 풀어주셨습니다. 동북아는 물론 세계평화를 위해 일본 헌법 9조가 얼마나 중요한 지 새삼 공부가 되었습니다. 이 9조를 개정해서 전쟁할 수 있는 과거 일본제국으로 돌아가려는 움직임을 막는 것이 평화를 위해 아주 중요한 일임을 다시 생각했습니다. 이웃 일본에 대해 더 많은 연구가 필요한 것 같습니다.

    부족한 일본어 실력으로 번역해서 여기저기 문제가 많을 것으로 압니다마는 양해해 주시기 바랍니다. 그럼에도 추천사를 써주신 여러 선생님들께 감사드립니다. 나아가 감수를 통해 많은 도움을 주신 이승무 박사님과 아키오 상에게 깊이 감사드립니다. 또한 소득도 없는데 오직 평화를 향한 열정으로 멋있게 책을 만들어 주신 열린서원 이명권 박사님에게도 깊이 감사드립니다.

## 비폭력 평화창조

**초판 1쇄 발행** | 2025년 8월 5일

**지은이** | 기무라 고이치(木村公一)

**옮긴이** | 전기호

**펴낸이** | 이명권

**펴낸곳** | 열린서원

**편집디자인** | 산맥

**등록번호** | 제300-2015-130호(1999년)

**주소** | 강원특별자치도 화천군 간동면 용호길 73-155

**전화** | 010-2128-1215

**전자우편** | imkkorea@hanmail.net

**ISBN** | 979-11-89186-79-1(03340)


값 15,000원


※ 일본 いのちのことば社에서 출판한 이 책의 원제 [非暴力による平和創造]의 한국어 번역은 일본 출판사의 저작권 승인에 의해 출판된 것임.
※ 잘못 만들어진 책은 구입한 곳에서 교환해 드립니다.
※ 이 도서에 국립중앙도서관 출판사 도서목록은 e-CRP홈페이지 (http://www.nl.go.kr/ecip)에서 이용하실 수 있습니다.